Tobias Drews

Die deutschen Boxstars

Tobias Drews

Die deutschen Boxstars

Ihr Leben
Ihre Kämpfe
Ihre Siege

pietsch

Einbandgestaltung: Katja Draenert

Titelbilder: Arno Fuhrmann

Bildnachweis: Hank Kaplan: S. 10/11
»Uncle Sam«: S. 40
Privatbesitz: S. 13–19
Fotoagentur Wende, Berlin: S. 93
Camera 4, Berlin: S. 105, 107

Statistik: Probox-Promotion, Olaf Schröder

ISBN 3-613-50334-4

1. Auflage 1999

Lektor: Oliver Schwarz
Innengestaltung: Katharina Jüssen
Druck: Henkel-Druck, 70435 Stuttgart
Bindung: K. Dieringer, 70839 Gerlingen
Printed in Germany

INHALT

VORWORT

Liebe Boxfreunde,

nach dem Ringabschied von Henry Maske im November 1996 dachten viele, das Profiboxen in Deutschland würde wieder in der Versenkung verschwinden. Doch weit gefehlt – Henrys sportliche Erben und die Manager/Promoter gingen mit ihrer Verantwortung sorgfältig um, sorgten für noch mehr Titel und ein stabiles Zuschauerinteresse.
Mittlerweile gibt es mehr Titelträger denn je sowie einige hoffnungsvolle Talente in den verschiedensten Gewichtsklassen. Über viele davon können Sie in dem vorliegenden Buch mehr erfahren.
Die Problematik bei einem Buch wie diesem, das natürlich möglichst aktuell sein soll, ist der Redaktionsschluß. Der nächste Kampf eines bestimmten Boxers, eine mögliche Entwicklung auf einen interessanten Gegner – alles wäre interessant und wichtig genug, um es noch abzuwarten und unterzubringen. Doch irgendwann muß die Recherche abgeschlossen werden. Für dieses Buch war der Redaktionsschluß der 5. November 1999. Manche, der hier beschriebenen Athleten werden erheblichen Anteil daran haben, daß die Faszination Boxen auch weiterhin Millionen Menschen in Deutschland elektrisieren wird.

In diesem Sinne
Ihr

Tobias Drews

DER AUTOR

Tobias Drews, Jahrgang 1973, kam mit 15 Jahren erstmals mit dem Boxsport in engere Berührung – eine Nähe, die bis heute nicht mehr abgebrochen ist. Als Journalist schrieb er zuerst für verschiedene Tageszeitungen über das Profi- und Amateurboxen, wurde dann freier Mitarbeiter des »kicker-sportmagazins« und arbeitete in der Redaktion der Fachzeitschriften »Boxen and more« und »BoxSport«. Seit 1996 kommentiert Drews für den Fernsehsender DSF und »Premiere World« Kämpfe aus aller Welt.

Tobias Drews: wenige Minuten vor der TV-Liveübertragung der ersten Titelverteidigung von Weltergewichtler Ahmed Kotiev in Offenburg.

DER FOTOGRAF

Arno Fuhrmann, Jahrgang 1964, ist seit 1987 als freier Fotograf im süddeutschen Raum tätig. Der Vater dreier Töchter, dessen Bruder Erik in der Nationalstaffel boxte, dokumentiert seit 1994 in Bildern die wichtigsten Sportereignisse Deutschlands. Er hat längst einen Stammplatz an den Box-Ringen der Großveranstalter.

Arno Fuhrmann: Seit vielen Jahren mit großer Brennweite nah am Ring.

DIE »ALTEN GROSSEN«

Boxen ist eine der ältesten und verbreitetsten Sportarten weltweit. Die Entstehung des Faustkampfes läßt sich einige tausend Jahre zurückverfolgen. Bei den Ägyptern war der Boxkampf bereits vor beinahe 5000 Jahren bekannt.
Das moderne Boxen entwickelte sich im 17. Jahrhundert. Der englische Fechtlehrer James Figg lehrte ein Kampfsystem des »Fechtens mit der Faust«. Zu dieser Zeit wurde noch mit den bloßen Fäusten und so gut wie ohne Regeln geboxt. Erst 1740 werden die ersten einfachen Regeln aufgestellt und bescheidene Vorläufer der Handschuhe eingeführt. Der Durchbruch aus moderner Sicht gelang 1866 dem »Marquis of Queenberry«, der die »Regeln des Boxens mit Handschuhen« erfolgreich verbreitet.
Von England aus schwappte die Welle der Boxbegeisterung in die USA und auf andere Nationen über. In Deutschland bestand bis ins Jahr 1918 ein polizeiliches Boxverbot. Davon ausgenommen waren nur die Freien und Hansestädte. In den anderen Teilen des Landes gab es geschlossene Vereine, in denen geboxt wurde, ebenso in Hinterzimmern diverser Lokale.
Der erste deutsche Boxclub gründete sich als SV Astoria-Berlin im Jahre 1912. Die aus englischer Kriegsgefangenschaft zurückkehrenden deutschen Soldaten brachten nach dem Ersten Weltkrieg die sportlichen Grundlagen mit. Durch das gesteigerte Interesse gründeten sich viele Vereine und 1920 wurde schließlich das Boxverbot ganz aufgehoben.
Viele Amateure und Profiboxer versuchten ihr Glück zwischen den Seilen, doch nur wenigen gelang es auch national und international bekannt und erfolgreich zu werden. Bei einem breiten Publikum unvergessen dürften heute aber wohl nur noch diese sechs Kämpfer sein, wenn sie es auch aus unterschiedlichen Gründen sein mögen:
Max Schmeling, Gustav Scholz, Karl Mildenberger, Jürgen Blin, Eckhard Dagge und René Weller.

MAX SCHMELING

Nach wie vor ist Max Schmeling, geboren am 28. September 1905, der erfolgreichste deutsche Profiboxer aller Zeiten. Der Schwergewichtsweltmeister von 1930 wird immer wieder als großes Vorbild bemüht. An ihm werden die heutigen Champions gemessen: nicht nur ihre Leistungen im Ring, sondern auch ihr Verhalten außerhalb der Seile. Denn auch dort war Schmeling nicht nur einfacher Titelträger, sondern ist bis heute ein würdiger Champion.

Im Juni 1927 wurde Schmeling durch einen Aufgabesieg in der 14. Runde erster deutscher Europameister, nachdem er den Belgier Fernand Delarge besiegen konnte. Dieser Kampf wurde aus der Dortmunder Westfalenhalle im Rundfunk übertragen und war zugleich der erste live übertragene Boxkampf im Rundfunk Deutschlands. Der spätere Deutsche Meister im Schwergewicht ging in die USA und brachte sich mit einer Reihe guter Siege ins Gespräch für einen Kampf um die zwischenzeitlich vakant gewordene Weltmeisterschaft. Im Kampf um die Krone gegen den Amerikaner Jack Sharkey war Schmeling der Außenseiter und verlor auch die ersten drei Runden knapp, doch in der vierten Runde landete ein schwerer Tiefschlag im Unterleib Schmelings, der sich voller Schmerzen am Boden wälzte. Weil Ringrichter Harold Barnes und auch einige aufmerksame Journalisten den Tiefschlag gesehen hatten, wurde Sharkey disqualifziert und Schmeling zum neuen Weltmeister ausgerufen.

In der ersten Titelverteidigung vermochte Schmeling gegen den an Nummer zwei in der Weltrangliste geführten Amerikaner Young Stribling zu überzeugen. 14 Sekunden vor Schluß der 15. und zugleich letzten Runde (zu dieser Zeit wurde noch über die lange Distanz geboxt) ging Stribling nach einem fulminanten linken Haken zu Boden. Daraufhin wurde der völlig ausgepumpte Fighter aus dem Kampf genommen, in welchem Schmeling auch nach Punkten weit vorne lag.

Sparring tut not: Max Schmeling (l.) mit links gegen einen Trainingskollegen.

Voller Geschmack für einen kraftvollen Start in den Tag: Max Schmeling warb in den 30ern für »Kornfranck«, heute »Caro-Landkaffee«.

Zeitgeschichtliche Rarität: Titelfoto des Programmheftes zum WM-Kampf zwischen Joe Louis und Max Schmeling.

Den darauf folgenden Rückkampf mit Sharkey verlor Schmeling äußerst umstritten nach Punkten. Nach Meinung vieler unabhängiger Journalisten wurde er dabei um den sicheren Sieg betrogen.
Seinen wichtigsten Sieg erkämpfte er sich aber am 19. Juni 1936. Dieser ist noch heute Gegenstand der am häufigsten verlorenen Stammtisch-Wette. Max Schmeling gelang als Außenseiter das Kunststück, den Amerikaner Joe Louis in der zwölften Runde durch K. o. zu besiegen, aber es war seinerzeit kein Titelkampf. Dieses galt erst für den Rückkampf zwei Jahre später, der allerdings für den großen »Max« ein weniger befriedigendes Ergebnis brachte.
Die Geschichte dieses Rückkampfes mit Louis ist schnell erzählt. Nach nur 124 Sekunden war Schmeling ein geschlagener Mann. Louis war wie entfesselt auf ihn losgestürmt, hatte eine Vielzahl harter Treffer gelandet und den Deutschen zu Boden geschlagen. Danach schützten Schmelings Betreuer ihren Mann vor schlimmerem und brachen den Kampf ab.
Die Schläge von Louis hatten verheerende Wirkung. Als Schmeling sich im Schlaghagel der Fäuste etwas abgedreht hatte, landete ein Schlag von Louis in der Nierengegend und es splitterten zwei Dornfortsätze an Schmelings Wirbelsäule. Für Diskussionen sorgte auch das eigenwillige Verhalten des Ringrichters, der das von Schmelings Ecke geworfene Handtuch als Zeichen der Aufgabe nicht akzeptieren wollte und es ignorierend über das Ringseil hängte.
Nach dieser Niederlage trat Schmeling als Boxer erst ein Jahr später wieder in Erscheinung, schlug Adolf Heuser in der ersten Runde k. o. und wurde Europameister im Schwergewicht und verkündete seinen Abschied vom Boxring.
Nach dem Krieg kehrte Schmeling an seinem 42. Geburtstag in das Seilgeviert zurück, rein aus materiellen Gründen. »Ich war mittellos«, beschrieb er seine Beweggründe für das Comeback, welches ihm drei K.-o.-Siege und zwei Punktniederlagen einbrachte. Doch auch nach seinem Ringabschied blieb Schmeling ein Vorbild für viele.
Schmelings Frau Anny Ondra starb am 28. Februar 1987 in Hollenstedt bei Hamburg im Alter von beinahe 85 Jahren. Für Max Schmeling ein schwerer Verlust.
Anfang 1995 wurde ein seltenes Kampfplakat des ersten Duells zwischen Schmeling und Joe Louis aus dem Jahre 1936 für 4600 Dollar versteigert. Nach 56 Siegen, zehn Niederlagen und vier Unentschieden hängte Schmeling die Handschuhe endgültig an den Nagel. Noch heute leitet er die Coca-Cola Deutschland GmbH mit Sitz in Hamburg.
Schmeling, der mit bürgerlichem Namen Maximilian Adolph Otto Siegfried Schmeling heißt, hat alle deutschen Boxer mit Weltmeisterehren, die sein Erbe auch durch ihr seriöses Verhalten in der Gesellschaft hätten antreten können, bei sich empfangen. Zuletzt schickte der Altmeister nach dem WM-Gewinn von Vitali Klitschko ein Glückwunschtelegramm an dessen Hamburger Adresse. Schmeling hat allen seinen Nachfolgern vorgelebt, wie man Erfolg verdient, ihn letztlich auch bekommt und ihn über viele, viele Jahre lebendig hält.

Ein Original-Exemplar dieses Plakates wurde 1995 für 4600 US-Dollar versteigert. Der Kampf Schmeling gegen Louis ist ein Klassiker in der Boxgeschichte im Schwergewicht.

GUSTAV SCHOLZ

Nach dem Abtritt Schmelings von der Boxbühne dauerte es einige Jahre, bis ein neuer deutscher Faustkämpfer mit ähnlicher Ausstrahlung ins Rampenlicht trat: Gustav Scholz.
Der Volksmund nannte Scholz nur »Bubi«. Der Berliner war nie als Amateurboxer aktiv gewesen, sondern stieg gleich als Profi in den Ring. In der Rechtsauslage stehend, verzeichnete er einen herausragenden Kampfrekord. 96 Kämpfe, davon 88 Siege mit 46 K. o, sechs Unentschieden bei zwei Niederlagen. Scholz wurde Deutscher Meister im Welter- (1951) und Mittelgewicht (1957), gewann die Europameisterschaft im Limit des Mittelgewichts (1958) und ließ sich auch den Gürtel des Europameisters im Halbschwergewicht (1964) umlegen.
Zweimal stieg er in prestigeträchtigen Duellen gegen das Kölner Original Peter »de Aap« Müller in den Ring. Müller war vor allem dadurch berühmt geworden, daß er 1952 im Titelkampf gegen Hans Stretz den Ringrichter Max Pippow K.o geschlagen hatte, weil er sich vom Unparteiischen stark benachteiligt gefühlt hatte. Im Duell mit Scholz leistete sich Müller allerdings keine Ausraster, und mußte schnell einsehen, daß er deutlich unterlegen war. Beide Male gewann Scholz vorzeitig. 1957 besiegte er Müller durch K. o. in Runde drei, zwei Jahre später bereits in der Eröffnungsrunde.
Am 23. Juli 1962 stieg Scholz zum Weltmeisterschafts-Kampf gegen den muskulösen Amerikaner Harold Johnson in den Ring. 40.000 Zuschauer erlebten in Berlin die knappe Punktniederlage über 15 Runden von »Bubi«, der 1964 als amtierender Europameister seine aktive Laufbahn beendete. Nach Beendigung seiner Boxkarriere gehörte er noch viele Jahre zu den schillerndsten Figuren im Berliner Gesellschaftsleben und erregte dann 1984 durch eine Tragödie noch einmal bundesweites Aufsehen. Unter starkem Alkoholeinfluß erschoß er im Juli des besagten Jahres seine Frau mit einem Kleinkalibergewehr durch die geschlossene Badezimmertür. Wegen fahrlässiger Tötung und Verstoß gegen das Waffengesetz wurde Scholz zu drei Jahren Freiheitsentzug verurteilt.
Ende 1998 wurde ein vielbeachteter, zweiteiliger Fernsehfilm über das Leben des einstigen Sportidols ausgestrahlt. In der Hauptrolle verkörperte der Schauspieler Götz George den späten Scholz, der die Filmpremiere nach mehreren Schlaganfällen im Krankenhaus erlebte.

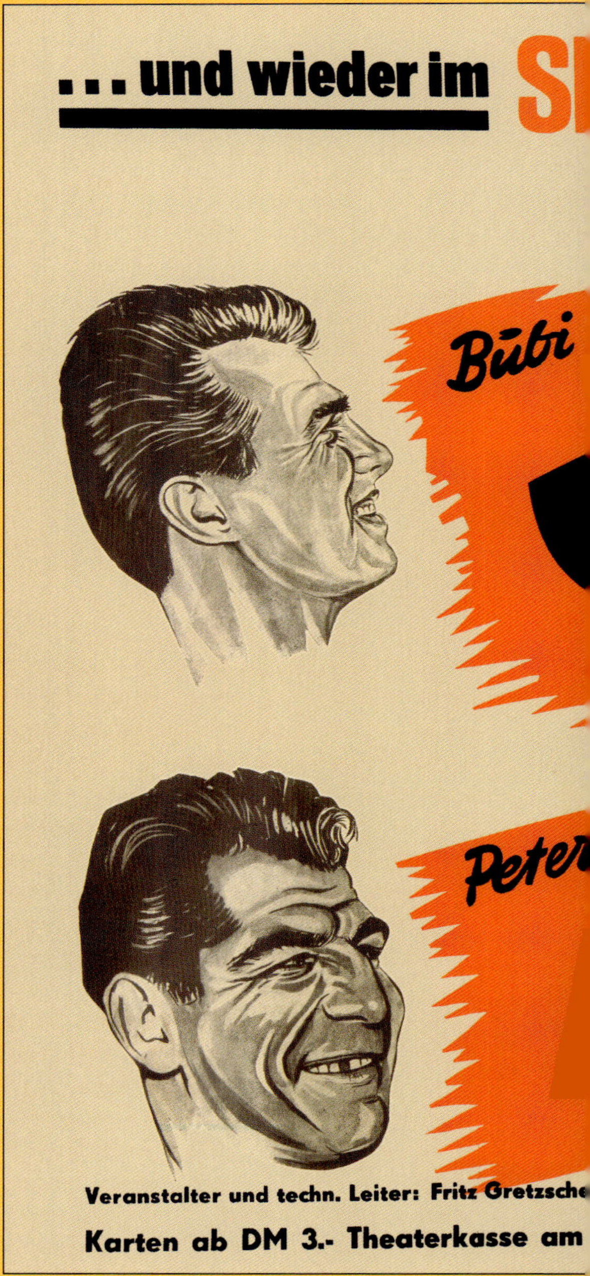

Anfangs nur nebeneinander im Ring, später dann auch gegeneinander. Gustav »Bubi« Scholz und Peter »de Aap« Müller. Zwei Originale des Faustkampfes.

KARL MILDENBERGER

Der Pfälzer Karl Mildenberger schrieb mit dem legendären WM-Fight gegen Muhammad Ali im September 1966 vor mehr als 30.000 Zuschauern ein wichtiges Stück deutsche Boxgeschichte. Der Rechtsausleger, der als der beste weiße Schwergewichtler seiner Zeit galt, verlor nach heroischem Kampf in der zwölften Runde. Muhammad Ali, der zu jener Zeit noch Cassius Clay hieß, meinte nach dem Duell in Frankfurt/ Main anerkennend: »Es war mein schwerster Kampf seit dem Titelgewinn über Sonny Liston«. Drei Jahre nach der Niederlage und dem Verlust des EM-Gürtels gegen den Engländer Henry Cooper beendete Mildenberger seine Karriere. Private Probleme brachten den Symphatieträger ins Straucheln, aber mit einer neuen beruflichen Perspektive fing sich Mildenberger wieder. Im Jahre 1980 erhielt er eine Festanstellung bei der Stadt Kaiserslautern als Bademeister und bringt auch Jahrzehnte nach seinem letzten Ringauftritt immer noch sein altes Kampfgewicht von knapp über 90 Kilogramm.

WM-Kampf in Frankfurt am 10. Sept. 1966: Cas

Sein eigentlicher Spitzname »Milde« variierte mit »Karl der Große« und nach einer bitteren K.-o.-Niederlage in einem Kampf um die Europameisterschaft lautete eine Zeitungsüberschrift gar »Karl der Flache«. Noch heute ist Mildenberger gerne gesehener Ehrengast bei Profi-Kämpfen.

Die lange Rechte am Kinn des »Größten«. Karl Mildenbergers Autogrammfoto von seinem Duell mit Muhammad Ali.

JÜRGEN BLIN

Ebenfalls an einem Kampf gegen den bekanntesten Boxer aller Zeiten, Muhammad Ali, läßt sich die anhaltende Popularität des Hamburger Schwergewichtlers Jürgen Blin erklären.

Nach dem Verpassen der Olympiaqualifikation für das Jahr 1964 entschloß sich Blin, ins Lager der Professionelles zu wechseln. Zum Zeitpunkt seines Debütkampfes war Karl Mildenberger bereits Europameister geworden. Im November 1966 boxte Blin dann um die nationale Meisterschaft und erreichte gegen den Titelverteidiger Gerhard Zech ein Unentschieden. Auch im Rematch kam er über dieses Ergebnis nicht heraus. Erst im dritten Anlauf, ein Jahr später, konnte er den Titel nach Punkten gewinnen.

Noch im selben Jahr schien die Karriere so gut wie beendet. Blin verlor die Meisterschaft an Peter Weiland und schaffte danach gegen den Nigerianer Macin Keita wiederum nur ein Unentschieden. Seinen Entschluß weiterzumachen krönte Blin mit dem Kampf gegen Muhammad Ali, den er in der siebten Runde in Zürich verlor und letztlich im Jahre 1972 mit dem Gewinn der Europameisterschaft durch einen Punktsieg in Madrid über den Spanier Jose Miguel Urtain.

Neben der Boxerei wurden Imbißrestaurants das zweite Standbein von Jürgen Blin, der in Hamburg mehrere Geschäfte betreibt. Sohn Knut sollte das boxerische Erbe antreten, entschied sich nach einer Reihe guter Siege aus religiösen Gründen aber gegen den Sport.

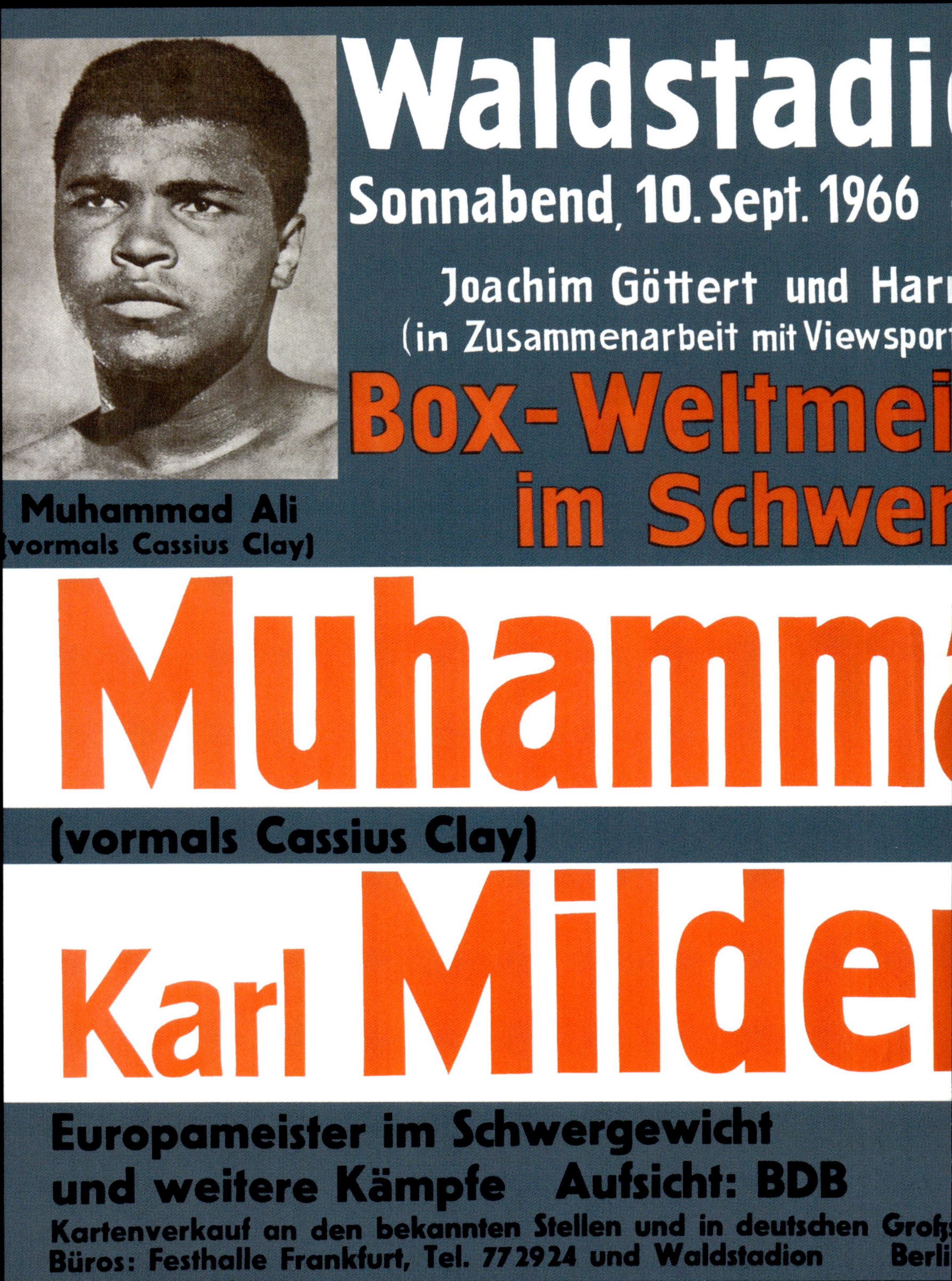
Waldstadi
Sonnabend, 10. Sept. 1966
Joachim Göttert und Harr
(in Zusammenarbeit mit Viewsport
Box-Weltmei
im Schwer
Muhammad Ali
(vormals Cassius Clay)
Muhamm
(vormals Cassius Clay)
Karl Milder
Europameister im Schwergewicht
und weitere Kämpfe Aufsicht: BDB
Kartenverkauf an den bekannten Stellen und in deutschen Groß
Büros: Festhalle Frankfurt, Tel. 772924 und Waldstadion Berli

Gut 33 Jahre ist es her, daß der legendäre Muhammad Ali im Frankfurter Waldstadion boxte. Der sich tapfer wehrende Europameister Karl Mildenberger kam immerhin bis in die 12. Runde.

ECKHARD DAGGE

In den späten siebziger Jahren war Eckhard Dagge das Aushängeschild des deutschen Boxsports.

Im Ring war er ein Spätstarter, der erst im Alter von 20 Jahren seinen ersten Amateurfight bestritt, und schließlich 1973 zu den Profis wechselte. Bei den Amateuren rangierte er in der nationalen Rangliste lange hinter dem späteren Olympiasieger Dieter Kottysch und scheiterte bei den Europa-Titelkämpfen 1971 gegen Manfred Wolke.

Bei den Profis hatte Dagge mehr Erfolg. Nach dem Gewinn des Deutschen Meistertitels durch einen K.-o.-Erfolg über Klaus-Peter Tombers mißlang die Herausforderung des Europameisters Jose Duran aus Spanien. Dagge verlor durch technischen K. o. in der elften Runde, konnte aber im Rückkampf seinerseits den Spanier im neunten Durchgang stoppen.

Größter Erfolg für Dagge war der Gewinn des WM-Titels nach Version WBC (World Boxing Council). Elisha Obed von den Bahamas war damals sein Gegner. Außenseiter Dagge stand selbst am Rande des K. o., als er am 18. Juni 1976 in Berlin in der zweiten Kampfeshälfte aufdrehte und den überraschten Obed mit schweren Hakenserien in der zehnten Runde entscheidend schlug. Drei Monate später schlug er Obed auch ein zweites Mal, verteidigte mit einem Unentschieden den Titel im Superweltergewicht auch gegen Maurice Hope, verlor ihn aber im August 1977 gegen den Italiener Rocco Mattioli. Es folgten einige weitere Kämpfe von Dagge, der 1981 nach einer Niederlage in der zweiten Runde gegen Brian Anderson endgültig dem Ring seinen Rücken kehrte.

Unterm Strich standen 32 Profikämpfe, von denen Dagge 26 gewann (17 durch K. o.), einen unentschieden beendete und fünf verlor.

Der in der Nähe Kiels geborene Dagge, der heute in Hamburg lebt, wurde auch durch seinen Ausspruch: »Es hat viele Weltmeister gegeben, die Alkoholiker geworden sind, aber ich bin der einzige Alkoholiker, der Weltmeister geworden ist« bekannt. Seine Trainertätigkeit für die Schützlinge von Klaus-Peter Kohl, nämlich für Michael Löwe und Dariusz Michalczewski, wurde 1994 wegen mangelnder Disziplin gekündigt. Andere von Dagge betreute Athleten verzeichneten seither eher begrenzte Erfolge.

Starker Mann und softer Drink: Mit Muhammad Alis Durst nach Erfolg warb die Firma Sunkist in den sechziger Jahren für ihren Durstlöscher »Capri-Sonne«.

RENÉ WELLER

Der »schöne René« dürfte die wohl schillerndste Figur gewesen sein, die es in der langen deutschen Boxgeschichte zu allen Zeiten gegeben hat. Vor allem die Klatschkolumnisten hatten ihre wahre Freude mit Weller, der im Juli 1999 wegen Drogenhandels zu einer Gefängnisstrafe von sieben Jahren verurteilt wurde. Das vorläufige Ende des Sonnyboys und Strahlemanns der als Playboy und Geschäftsmann noch erfolgreicher zu Werke ging, als im Seilgeviert.

Es gab beinahe mehr Spitznamen für Weller als er Profisiege vorzuweisen hat. »Westentaschen-Ali«, »Leder-Macho«, »Rolex-Mann«, »Diamanten-Dandy« und »Golden Boy« sind nur einige davon.

Trotz seinem Hang zum süßen Leben, war Weller immer durchtrainiert und erreichte bei seiner Körpergröße von 1,76 Meter meistens problemlos sein Kampfgewicht von 60 Kilogramm. Die gepflegte Solariumbräune, der Schnäuzer und die nackenlange Haarpracht gehörten ebenso zum Erscheinungsbild von Weller wie der Goldschmuck und die kurzen Boxhöschen.

Der »schöne René« im knappen Höschen. Ex-Europameister René Weller in Aktion.

Der gelernte Heizungsmonteur und Goldschmied stellte neben seiner Profitätigkeit im Boxring noch einen weiteren Geschäftszweig auf die Beine: den Handel mit Schmuck-Eigenkreationen und einer Lederkollektion namens »Rewell«. Nach 335 Kämpfen als Amateur (298 Siegen) und dem Erreichen einer Vielzahl von Deutschen Meistertiteln sowie Silber- und Bronzemedaillen bei Europa- und Weltmeisterschaften bestritt Weller 1981 seinen ersten Profikampf. Neben dem Europatitel errang Weller den völlig bedeutungslosen WAA-WM-Titel im Superfedergewicht, den er nie verteidigte. Nach dem Rücktritt 1989 folgten mehrere, manchmal peinliche, Comeback-Versuche und ein allerletzter Kampf im November 1996 in München.

Die Symbiose von Sport und Show versuchte er bereits als Edel-Amateur umzusetzen. Schon früh hatte er erkannt: »Ich muß auffallen, damit ich populär werde«. Letztlich erreichte er ein hohes Medien- und Publikumsinteresse, mußte aber auch damit leben können, daß viele Zuschauer nur deshalb zu seinen Kämpfen kamen, um ihn verlieren zu sehen.

Weller versuchte sich als Trainer, und schrieb mit seinem umfassenden Geständnis im Verfahren gegen ihn wegen bandenmäßigen Drogenhandels, Hehlerei und unerlaubtem Waffenbesitz im Sommer 1999 das vorläufig letzte Kapitel in der neverending story seines öffentlichen Lebens selbst.

DIE SCHWERGEWICHTS-KLASSE

Sie ist die unumstrittene »Königsklasse« des Boxsports. Herausragend bleibt natürlich der WM-Gewinn von Max Schmeling im Juni 1930 gegen Jack Sharkey, an den er den Gürtel zwei Jahre später aufgrund eines umstrittenen Urteils wieder abgeben mußte. Die Historiker sind uneins bezüglich der Frage nach dem ersten Weltmeister dieses Limits. John L. Sullivan war der letzte bare knuckle champion, Meister also im Boxen ohne Handschuhe. Australische Quellen behaupten, erster Handschuh-Weltmeister sei Frank Slavin gewesen, der mit Vier-Unzen-Handschuhen Jake Kilrain k. o. schlug. Unter Berücksichtigung der »Queensberry«-Regeln heißt der erste Schwergewichtsweltmeister nach heutigem Standard James Corbett.

Klassen-Profil

Gewichtsklasse
Über 86,182 kg (= 190 lb)

Erster WM-Kampf
7. September 1892 in New Orleans (USA); James J. Corbett (USA) siegt durch ein K. o. in der 21. Runde über John L. Sullivan (USA)

Aktuelle Weltmeister

Verband	Name	Siege	Unentschieden	Niederlagen
IBF	Evander Holyfield (USA)	36	1	3
WBA	Evander Holyfield (USA)	36	1	3
WBC	Lennox Lewis (England)	34	1	1
WBO	Vitali Klitschko (Ukraine)	26	0	0

Der **letzte Vereinigungstitelkampf aller Verbände**, die zeitgleich offiziell anerkannt waren, fand zwischen Mike Tyson vs. Frank Bruno am 25. Februar 1989 statt. Es ging hierbei um die Titel der Verbände IBF, WBA und WBC. Die WBO hatte noch keinen Schwergewichtstitel vergeben.

Aktive Boxer mit deutscher Lizenz

- Turhan Altunkaya
- Alben Belinski
- Marcel Beyer
- Frank Böhme
- Biko Botuwamungo
- Willi Fischer
- Bernd Friedrich
- René Han'l
- Timo Hoffmann
- Peter Hrivnak
- Jan Jungmayr
- Eric Kaes
- Vitali Klitschko
- Wladimir Klitschko
- Luan Krasniqi
- Zeljko Mavrovic
- Danny Oleksy
- Ralf Packheiser
- Jens Plösser
- Przemyslav Saleta
- Mario Schießer
- Axel Schulz
- Andreas Sidon
- Gurgen Sugiasjan
- Kim Weber

WILLI FISCHER

– DER FRANKFURTER »OX«

Willi Fischer wollte den ganz großen Fang machen und ging dabei selbst über Bord. Der Schwergewichtler aus Frankfurt/Main hielt im September 1998 eine Runde gegen den amtierenden WBO-Weltmeister (WBO = World Boxing Organization), Herbie Hide, gut mit, wurde aber nach einer Minute und vier Sekunden von Ringrichter Joe Cortez (USA) aus dem Kampf genommen. Dreimal wurde der als Nummer eins geführte Herausforderer von den schnellen Schlagkombinationen des Gegners zu Boden gestreckt, dann war die schwere Mission »Schmeling-Nachfolge« gescheitert.

»Er hat sehr hart geschlagen und war unheimlich schnell«, befand Fischer, der seine Deckung wegen der Aufwärtshaken von Hide nicht geschlossen halten konnte. »Hide hat mich zweimal auf dem Kehlkopf erwischt. Da ging nichts mehr«, so Fischer, der für den Kampf und die »Chance seines Lebens« die eher bescheidene Börse von 100.000 DM erhielt.

Der unkomplizierte Athlet aus dem berühmten Frankfurter Apfelwein-Viertel Sachsenhausen verlor im Herbst 1996 in Köln den Kampf um die deutsche Meisterschaft gegen Kim Weber nach Punkten. Das Duell der beiden bis dahin ungeschlagenen Boxer war einer der besten Fights um den Meistertitel in den letzten Jahrzehnten.

Wilhelm Fischers Kontakt mit dem Boxsport kam eher zufällig zustande. Der 12jährige Willi, der anfangs Fußball gespielt hatte, war übergewichtig und wurde deshalb vom Vater zum Boxtraining geschickt – eine kluge Entscheidung, wie sich später herausstellen sollte. 1989 holte er sich im Alter von 17 Jahren den deutschen Meistertitel im Juniorenbereich und zählte bis zu seinem Wechsel ins

Willi »de Ox« Fischer nach dem Gewinn des deutschen Meistergürtels gegen Mario Schießer im November 1997.

Profilager 1995 zu den besten deutschen Superschwergewichtlern.

1990 wurde Fischer unter seinem heutigen Profitrainer Michael Timm Junioren-Europameister. Bei den Ausscheidungskämpfen für die Nominierung der Olympiastaffel 1992 in Barcelona schlug er den höher eingestuften Andreas »Drago« Schnieders aus Haselünne schwer k. o. Das Olympiaticket nutzte Fischer bis zum Viertelfinale, ehe er zurück in die Heimat mußte.

Beim Einstieg ins Lager der Profis reichte es für den Frankfurter im Zoo-Gesellschaftshaus nur zu einem Unentschieden gegen den bis dato in drei Kämpfen ungeschlagenen Koblenzer Serdar Uysal. Doch danach legte der »Sachsenhäuser Bub« so richtig los: Er gewann elf Kämpfe in Folge, alle vorzeitig. Es folgte die Niederlage gegen Kim Weber 1996, der Gewinn des Intercontinental-Titels der WBO und – damit verbunden – die Aufnahme in die Weltrangliste.

Kleine Probleme gegen einen erfahrenen Mann: Willi Fischer auf dem Weg zu einem Punktsieg gegen den US-Boxer Everett Martin am 13. Februar 1999 in Stuttgart in der Alten Reithalle.

Ein wichtiger Punkt in der Profikarriere war auch der Trainerwechsel von Leonardo Pietraj zu Michael Timm. Pendelte Fischer vorher zwischen Frankfurt und Zagreb, um dort unter Anleitung des früheren kroatischen Nationaltrainers zu trainieren, markierte der Umzug nach Hamburg einen Wandel in der Trainingsauffassung. Im Gym der Universum-Box-Promotion wurden die Konditionsschwächen abgestellt und die allzu löchrige Deckungsarbeit verbessert.
Willi »de Ox« Fischer wurde auf dem Frankfurter Rhein-Main-Flughafen zum Anlagenmechaniker ausgebildet und kam im Sommer 1992 in die Sportförderkompanie der Bundeswehr. Außerhalb des Rings trägt Fischer eine Brille mit -2,5 Dioptrien und einen modischen Stecker in der Nase. Die Kurzsichtigkeit macht ihm nach eigener Aussage aber keine Probleme: »Meine Gegner im Schwergewicht sind so große Kerle, die kann man nicht übersehen.«

»Key fights« von Willi Fischer

- **8. Juli 1995, Frankfurt: Serdar Uysal, Unentschieden, 4 Runden**

Im Profidebüt agierte Willi Fischer sehr nervös, wollte vor allem seine Schlagkraft demonstrieren und war deshalb verkrampft. Das Unentschieden steckte der Frankfurter Lokalmatador aber problemlos weg und startete danach eine Siegesserie von elf Kämpfen mit ebensovielen K.-o.-Erfolgen.

- **5. Oktober 1996, Köln: Kim Weber, Punktniederlage, 10 Runden**

Nach zwei erfolgreichen Kämpfen um die internationale deutsche Meisterschaft kam es zum »Vereinigungs«-Titelkampf um die Internationale Deutsche und die Deutsche Meisterschaft. In Köln traf Fischer auf den ungeschlagenen Kim Weber (Köln). Der Zehn-Runden-Kampf war eines der besten Duelle um den nationalen Titel. Am Ende stand ein Punktsieg für Kim Weber und die erste Niederlage für Willi »de Ox« Fischer, die er aber im Oktober 1999 durch einen Punktsieg revidieren konnte.

- **10. Mai 1997: Christoph Bizot, K.-o.-Sieg, 7 Runden**

Der Franzose Bizot hatte zwei beherzte Kämpfe um die Europameisterschaft geliefert. In seiner Heimatstadt errang Willi einen vorzeitigen Sieg. Der rechte Aufwärtshaken des »Ochsen« landete voll im Ziel: eine eindrucksvolle Präsentation seiner fulminanten Schlagkraft.

- **30. Januar 1998: Alexander Jakob, Punktsieg, 10 Runden**

Alex Jakob aus Berlin, der eigentlich Furkat Tursunov heißt, war der Ersatzgegner des Ersatzgegners. Der Rechtsausleger, der seine Kämpfe normalerweise im Cruisergewicht bestritt, sprang erst einen Tag vorher ein. Fischer hatte im Kampfverlauf nicht nur Probleme mit Jakob, sondern auch Schmerzen im Ellbogen. Ein glanzloser Punktsieg.

- **23. Mai 1998: Gurgen Sugiasian, T.-K.-o.-Sieg, 4 Runden**

Schon früh war klar: Sugiasian gehörte nicht in einen Ring mit Willi Fischer. Der Remiskönig (vier Unentschieden in neun Kämpfen)

Fliegender Schweiß steht vor dem Erfolg: Fischers Punktsieg über den Engländer Michael Murray im Juni 1999 in Frankfurt/Main.

war kein gleichwertiger Gegner. Fischer nahm sich Zeit und verteidigte den Gürtel des Internationalen deutschen Meisters, den er am 8. November 1997 mit einem Punktsieg über den Berliner Mario Schießer gewonnen hatte.

- **26. September 1998: Herbie Hide, T.-K.-o.-Niederlage, 2 Runden**

Die WBO-WM in der »Königsklasse« war ein lang gehegter Traum für Fischer. Doch die lange Vorbereitung auf das Highlight seiner Kariere zahlte sich letztlich nicht aus: Auch ein Fischer in Topform konnte nichts gegen den 27 Jahre alten Champion Hide ausrichten. Die blitzschnellen Aufwärtshaken Hides und drei Niederschläge in der zweiten Runde beendeten den Traum. Promoter Klaus-Peter Kohl (Universum-Box-Promotion): »Willi ist noch jung, es bleibt die Zeit für einen Neuaufbau.«

Das ist Willi Fischer

Geburtsdatum: 26. August 1972
Wohnort: Frankfurt/Main
Familienstand: ledig
Spitzname: »de Ox«
Größe: 1,91 Meter
Gewichtsklasse: Schwergewicht
Nationalität: deutsch
Trainer: Michael Timm
Erfolge als Amateur:
- Deutscher Juniorenmeister 1989/1990
- Europameister der Junioren 1990
- Bronze bei Weltcup in Bangkok 1994
- Bronze bei Militär-WM 1994

Erfolge als Profi:
- Debüt am 8. Juli 1995
- Internationaler Deutscher Meister 1996, 1997/99
- WBO-Intercontinental-Meister 1997

Fazit als Profi: 29 Kämpfe, davon 26 Siege (18 K. o.), 2 Niederlagen, 1 Unentschieden

PETER GEIER

– DREI SEKUNDEN GEGEN MIKE TYSON

Mike Tyson – wohl kein anderer Name hat in den vergangenen Jahren die Boxwelt derart geprägt wie der des Ausnahmeathleten aus Catskill, New York. Manche halten ihn für eine fürchterliche Kampfmaschine, die nur auf die Zerstörung des Gegners aus ist, andere schätzen an ihm, daß er endlich wieder Ordnung in die Schwergewichtsszene gebracht hat und dem Titelwirrwarr mit den Vereinigungs-Titelkämpfen ein Ende bereitete. Doch mit »Iron Mike« in den Ring klettern, und auch noch ohne Gage? – Nein danke; die meisten würden wohl kopfschüttelnd ablehnen.
Für Peter Geier aus Wiesbaden war sein Aufeinandertreffen mit Tyson eine »tolle Erfahrung« – auch wenn sie nur knapp drei (!) Sekunden dauerte. Dazu muß man wissen: Geier war respektabler Amateurboxer im Superschwergewicht. 20 Jahre lang stieg er mit jedem in den Ring, den die Verbandsfunktionäre ihm vorsetzten, boxte 17 Jahre in der Bundesliga. In insgesamt 258 Kämpfen verließ er rund 160mal als Sieger den Ring, erreichte vier Unentschieden. Aber von einer seiner Niederlagen muß Geier immer wieder berichten: der gegen Mike Tyson.
»Es war 1983 bei einem Länderkampf. Ich bin kurzfristig für die Reise eingesprungen, nachdem Peter Hussing abgesagt hatte und auch der erste Ersatzmann Thomas Claassen nicht antreten konnte, da er kurze Zeit vorher einen Profivertrag unterschrieben hatte«, erinnerte sich der frühere Platzwart des Wiesbadener Sportamts. »Der Länderkampf war als Vorbereitung auf Olympia geplant und fand am 16. September 1983 im Eisstadion von Lake Placid statt. Tyson war damals ja noch gänzlich unbekannt – gerade mal 17 Jahre alt – und wog nur knapp über 90 Kilogramm.«

Der junge Amerikaner hatte bis dahin erst einen Kampf gegen den späteren Profi-Weltmeister Greg Page verloren; er war seit drei Jahren im Boxring aktiv.
Geier: »Noch beim Wiegen habe ich meine Scherze gemacht: Dieser Kleine holt doch keine Banane vom Baum. Schließlich war Tyson zwei Köpfe kleiner als ich und über 20 Kilogramm leichter.«
Im Ring verlief dann aber doch alles anders, als der Wiesbadener es sich noch auf der Waage vorgestellt hatte. »Es hat nur einmal ›Patsch‹ gemacht und nach 3,5 Sekunden war alles vorbei. Mit einem rechten Haken hatte mich Mike voll auf das Ohr getroffen, und es riß mich förmlich von den Beinen.«
Ein Jahr später wurde Tyson dann selbst Profi, nachdem er bei den Olympiaausscheidungen eine schmerzliche Niederlage gegen Henry Tillmann hatte hinnehmen müssen und nicht für sein Land antreten durfte.

Peter Geier war mit Mike Tyson nur wenige Sekunden im Ring.

Mike Tyson: Der berühmteste und berüchtigste Sportler der vergangenen Jahrzehnte kannte schon als Amateur keine Gnade.

Für Geier war der Kampf gegen Tyson »die Krönung meiner Karriere«. Welcher Deutsche kann sich schon rühmen, mit »Iron Mike« im Ringquadrat gestanden zu haben? Daß es ausgerechnet im Jubiläumskampf, dem 125. für Geier, ein derart schnelles und schmerzhaftes Ende gegeben hatte, schmerzt Geier nicht sonderlich.
»Ich war in meiner aktiven Zeit für mein Kämpferherz bekannt. Gegen Peter Hussing habe ich beispielsweise 16mal geboxt und habe 16mal verloren. Dennoch bin ich jedesmal wieder gegen ihn angetreten, habe nie gekniffen. So wurde ich zweimal Dritter bei den deutschen Meisterschaften und zweimal Vizemeister.«
Nicht auszudenken, was geschehen wäre, wenn Geier nach – sagen wir: knapp zwei Sekunden – einen vollen Schlag an Tysons Kinn gelandet hätte.
Peter Geier starb 1997 an Herzversagen.

TIMO HOFFMANN

– KUCHEN ALS ANTRIEB

Doping ist ein pikantes Thema, nicht nur im Boxsport. Für Timo Hoffmann ist es zugleich die Erinnerung an eine Schmierenkomödie. Der zweifache Deutsche Meister und Vize-Europameister der Junioren boxte in der Bundesliga beim SV Halle. Kurz nach der Unterschrift unter den Profivertrag bei der Kölner »Sauerland-Promotion« sorgte der Deutsche Amateur-Box-Verband (DABV) mit allzu leichtfertigen Dopingvorwürfen gegen den Neu-Profi für einen peinlichen Skandal.

Das größte »Vergehen« des Timo Hoffmann war natürlich der Übertritt zu den Profis. So sah das auch der Athlet selbst. »Die Herren aus der Führungsetage des DABV wollen mich offenbar dafür bestrafen, daß ich ins Profigeschäft gewechselt bin«, sagte der damals 22jährige.

Was war geschehen? In der von dem Superschwergewichtler nach dem Gewinn des deutschen Meistertitels der Amateure am 26. Oktober 1996 in Riesa genommenen A-Probe war laut dem Analysebericht des Instituts für Biochemie an der Deutschen Sporthochschule in Köln lediglich eine kleine Unregelmäßigkeit aufgetreten. »Die Probe weist ein von der Norm abweichendes Steroidprofil auf«, hieß es in dem Bericht. Alle anderen Tests waren negativ verlaufen. In solchen Fällen werden lediglich weitere Kontrollen empfohlen, um unter anderem auch die Sportler selbst vor unberechtigten Dopingvorwürfen zu schützen. Derartige Abweichungen können auf persönliche Eigenarten des Sportlers zurückzuführen sein. Kein Doping, keine Strafe – aber dennoch waren die Vorwürfe nur schwer wieder aus der Welt zu schaffen. Kurzzeitig wurde sogar über eine Titelaberkennung nachgedacht.

Mittlerweile, mehr als zwei Jahre später, ist das Thema vom Tisch. Der 2,02 Meter große Hoffmann gewann alle seine Profikämpfe, unter anderem – kurzrundig – gegen den Amerikaner Anthony Green, der eigentlich für Axel Schulz als Gegner vorgesehen war.

Timo Hoffmann mit Trainer Uli Wegner: Ein Gespann für die Zukunft?

Der 120-Kilo-Mann Hoffmann ist eine imposante Erscheinung, trotz seines hohen Gewichts aber gut durchtrainiert. »Ich esse nun mal gern. Aber ich habe deshalb kein Fett am Leib«, so Hoffmann, der gelernter Bäcker und Konditor ist. Der gebürtige Eislebener ißt jetzt sechsmal am Tag. »Immer kleine Portionen«, erläutert er, »ich achte darauf, daß ich bei jeder Mahlzeit die Fleischart wechsele und mindestens einmal am Tag Fisch zu mir nehme.«

Rechter Haken zur rechten Zeit? Hoffmann im Duell mit dem Franzosen Antoine Palatis (Juni 1999).

Seine Familie und die Freundin leben in Halle an der Saale, weit weg von seinem neuen Lebensmittelpunkt Köln. Hier trainiert er mit Ulli Wegner auf das große Ziel hin: die Weltmeisterschaft. Vorher ist aber erst einmal die Standortbestimmung in Form des deutschen Meistertitels geplant. Viel freie Zeit bleibt neben den Trainingseinheiten nicht. »Deshalb bin ich sehr erstaunt, daß Vitali Klitschko nebenbei noch an seiner Doktorarbeit schreiben kann. Ich frage mich schon, wie er das schafft. Sollte er das wirklich konzentriert machen, hätte ich die größte Hochachtung vor ihm.«
Vor schwerem Training gönnt Hoffmann sich schon mal ein Stück Kuchen. »Das ist Antrieb. Denn wenn ich mit leerem Magen ins Sparring ginge, wäre das so, als hätte mein Auto kein Benzin im Tank.«

Das ist Timo Hoffmann

Geburtsdatum: 25. September 1974
Geburtsort: Eisleben
Wohnort: Köln
Größe: 2,02 Meter
Gewicht: 120 Kilogramm
Gewichtsklasse: Schwergewicht
Trainer: Ulli Wegner
Erfolge als Amateur:
- erstes Boxtraining 1986
- DDR-Meister im Schwergewicht 1988
- Vize-Europameister der Junioren 1990
- Bronze bei Junioren-WM 1990
- Deutscher Meister im Schwergewicht 1995 und 1996
- boxte für den SV Halle in der Bundesliga

Erfolge als Profi:
- Debüt am 13. April 1997

Fazit als Profi: 17 Kämpfe, davon 17 Siege (10 K. o.)

VITALI UND WLADIMIR KLITSCHKO

– DIE »K.-O.-BRÜDER«

Drei »Riesen«: Wladimir Klitschko (l.) und Bruder Vitali (r.) mit Erfolgstrainer Fritz Sdunek. Mehr als ein Trio mit vier Fäusten.

»Klitsch, klatsch, K. o.« – nach diesem Motto verfahren die Schwergewichtsbrüder Wladimir (22) und Vitali (27) seit ihrem Profidebüt am 16. November 1996. Die beiden Riesen machten mit ihren Gegnern im Ring meist kurzen Prozeß und sind in ihrer Wahlheimat Deutschland schnell zu einer festen Größe geworden. Der Klitschko-Expreß brauchte nicht allzulange, um volle Fahrt aufzunehmen.

Neben den beeindruckenden Leistungen im Ring läuft die PR-Maschinerie auf Hochtouren. Die Klitschkos sind zwei Zwei-Meter-Riesen, die ihre Gegner erbarmungslos k. o. schlagen, aber auch im »normalen Leben« unglaublichen Erfolg haben. Sie lieben Musik, beherrschen das Saxophon und die Gitarre und geben interessante Gesprächspartner in den wichtigsten Talkshows ab. Nur weiß man bei beiden nicht immer ganz genau, ob alles vollkommen ernst gemeint ist. So zum Beispiel, wenn Vitali – der ältere – ernsthaft erzählt, nur wegen der Atomreaktorkatastrophe von Tschernobyl so hünenhaft groß geworden zu sein. »Ich war früher in meiner Schulklasse nicht sehr groß«, erzählte der heute 2,02 Meter große Schwergewichtler während eines Pressetermins für deutsche Journalisten im Rahmen der in der ukrainischen Heimatstadt Kiew veranstalteten Boxgala im Dezember 1998. Nachdem das Unglück in der 100 Kilometer entfernten Anlage geschehen war, so Vitali, sei er binnen dreier Monate um 20 Zentimeter gewachsen. Damals sei er 14 Jahre alt gewesen, und »Kiew war fast leer«. Vor allem Kinder wurden aus Angst vor irreparablen Strahlenschäden ans Schwarze Meer gebracht. »Aber ich blieb zu Hause. Als die Schule wieder losging, war ich plötzlich der größte in der Schule.« Strahlenexperten der unterschiedlichsten Forschungsinstitute halten eine solche Geschichte für völlig unwahrscheinlich, aber einige Tage lang beherrschte die Klitschko-Größe die Schlagzeilen. Der kleine Bruder bringt es übrigens ebenfalls auf zwei Meter.

Familiensinn: Statt sich nach dem eigenen Kampf um sich selbst zu kümmern, ist es Vitali wichtiger, die Ringarbeit seines Bruders Wladimir zu verfolgen.

Rumms! Abermals gelingt es Wladimir (l.) seine linke Führhand durch die unzulängliche Deckung von Axel Schulz (r.) zu rammen.

Die Söhne einer Lehrerin und eines Luftwaffenobersten widmen sich nicht nur ihren Gegnern im Boxring mit Hingabe, sondern arbeiten auch fleißig an ihren Doktorarbeiten. Die diplomierten Sportlehrer ergründen dabei die »Geheimnisse der Sportbegabung« (Vitali) und der »Psychologie im Leistungssport« (Wladimir). Seitdem die Klitschkos ihre wissenschaftlichen Ambitionen öffentlich gemacht haben, ist ein neuer Spitzname für sie kreiert worden: »Doktor Faust«. Schon als Amateure hatten beide für Furore gesorgt. Vitali gewann 1995 die Militärweltmeisterschaft und beendete seine Amateurlaufbahn mit der Bilanz von 195 Siegen in 210 Kämpfen (davon 80 K.-o.-Siege). Bei den Welttitelkämpfen 1995 in Berlin war im Finale Endstation. Die Niederlage gegen Alex Lezin war schmerzhaft, doch bei der Militär-WM gelang die Revanche. Als er wegen Einnahme des Muskelaufbaupräparats Nandrolon gesperrt wurde, sprang der jüngere Bruder Wladimir in den laufenden Vertrag beim Box-Bundesligisten BC Flensburg ein. Dort gewann er alle acht Kämpfe, schlug unter anderem René Monse und Timo Hoffmann in der ersten Runde entscheidend. Bei der Amateur-WM schied der damals 19jährige gegen den

Bezwingend: Erst trifft den Gegner der entschlossene Blick, danach die Faust von Wladimir.

Der Augenblick des großen Triumphs. Von keinem Fotografen in der Abfolge festgehalten. Nur die Kopie der TV-Kamera zeigt die entscheidenden Treffer: »klitsch, klatsch, k. o.!« Gegner Hide war geschlagen, Vitali Klitschko präsentiert den WM-Gürtel und den Beginn einer neuen Arä: Schwergewichts-Weltmeister am 26. Juni 1999 in London.

Deutschen Luan Krasniqi aus, schaffte allerdings bei den Olympischen Spielen ein Jahr später den Sprung ganz nach oben aufs Treppchen. Nach 36 Jahren hatte wieder ein Boxer weißer Hautfarbe das Kunststück vollbracht, im höchsten Limit den Sieg zu holen. Wladimirs Amateurbilanz: 134 Siege (davon 65 durch K. o.), 6 Niederlagen.

Nun entbrannte der Kampf unter den Profipromotern um die Unterschriften des Brüderpaares. Don King, der berühmt-berüchtigte Amerikaner mit der Starkstromfrisur, hatte ebenso die Fühler ausgestreckt wie eine Reihe anderer Promoter aus der ganzen Welt. Doch das Rennen machte Klaus-Peter Kohls Universum-Box-Promotion – wegen des professionellen, aber dennoch familiären Umfelds. Die wenig bescheidene Bezeichnung des Kohlschen Imperiums soll auch den Anspruch der Klitschkos unterstreichen. Ein weißer Schwergewichtler mit sportlichen Ambitionen ist der Traum eines jeden Promoters und Managers, und ein derart eloquentes Doppelpack wie die schlagkräftigen Klitschkos erscheint wie eine Lizenz zum Gelddrucken.

Vitali hatte Speerwerfer werden sollen, dann Basketballer, doch er entschied sich für den Kampfsport. Er gewann Meisterschaften als Kickboxer und konzentrierte sich schließlich nur noch auf das klassische Boxen. Der psychisch Stärkere des Brüderpaares wurde als Profi erst Intercontinental-Meister der WBO, dann Europameister, und schließlich durch einen K.-o.-Sieg über den 4:1-Favoriten Herbie Hide (England) WBO-Weltmeister im höchsten Limit. Der Erfolg in der London Arena, von über 200.000 Ukrainern auf dem Hauptplatz in Kiew frenetisch gefeiert, ist gleichbedeutend mit dem Beginn einer neuen Zeitrechnung im Schwergewicht. Vitali ist nicht nur der erste Osteuropäer, der Schwergewichts-Weltmeister wurde, sondern zugleich auch der körperlich größte: 202 cm – höher aufgeschossen war bisher noch keiner. Genauso imposant ist auch sein Kampfrekord. Er hat alle 26 Kämpfe vorzeitig gewonnen – da kann sogar Mike Tyson einem Vergleich nicht standhalten: Der berüchtigte Amerikaner gewann zu Beginn seiner Profilaufbahn 19 Kämpfe durch K. o., mußte im 20. Duell jedoch erstmals über die angesetzte Distanz gehen. Nach dem Gewinn des WBO-

WM-Titels in England steht die Tür für einen direkten Vergleich des älteren Klitschkos mit Mike Tyson offen. Wladimirs geradliniger Weg in Richtung Weltspitze erhielt einen Knick, als er in seiner Heimatstadt Kiew von Ross Puritty in der 11. Runde gestoppt wurde. Wladimir beherrschte seinen amerikanischen Gegner beinahe nach Belieben, setzte schwere Treffer und sah nach neun Runden wie der klare Sieger aus. Doch das hohe Tempo und die schwierige Vorbereitungszeit, während der er auch die Veranstaltung mitorganisiert hatte, änderten das Geschehen im Ring in der 10. Runde.

Wladimir zeigte auf einmal Ermüdungserscheinungen, die Schläge kamen nicht mehr mit derselben Genauigkeit. Auf diese Gelegenheit hatte Puritty, der als »Ringfuchs« bekannt ist, nur gewartet. Ein Niederschlag gegen Ende der 10. Runde deutete die mögliche Sensation bereits an, und nach wenigen Sekunden in der 11. Runde rettete Trainer Fritz Sdunek seinen Boxer vor schwereren Treffern.

Diesen Rückschlag hat Wladimir allerdings schnell verdaut, das Selbstvertrauen mit weiteren Siegen wieder aufgebaut. Eine wichtige Weichenstellung in eine lukrative Zukunft erfolgte mit der beeindruckenden Vorstellung in Köln gegen Axel Schulz am 25. September 1999 im Kampf um die Europameisterschaft. Der problemlos herausgeboxte K.-o.-Sieg in der 8. Runde brachte ihm auch ein Sonderlob von Altmeister Max Schmeling ein: »Klitschko hat sehr souverän geboxt.«

Es gab mehrere Brüderpaare im Schwergewicht, die um Weltmeisterehren kämpften. Doch die Klitschkos sind die einzigen Weltklasseathleten, die ihre Karrieren zeitgleich bestreiten und somit parallel Schwergewichts-Champions werden können.

»Früher haben Wladimir und ich auch gegeneinander Spar-

Der unaufhaltsame Weg nach oben: Nach der schmerzlichen Niederlage in Kiew folgte ein sensationelles Comeback des Wladimir Klitschko. Der schnelle K.-o.-Erfolg nach nur 62 Sekunden in der ersten Runde gegen Zoran Vujicic am 13. Februar 1999 in der Alten Reithalle in Stuttgart (Kopien der TV-Kamera).

Das ist Vitali Klitschko

Geburtsdatum: 19. Juli 1971
Geburtsort: Kiew, Ukraine
Wohnort: Hamburg
Nationalität: ukrainisch
Erlernter Beruf: Lehrer
Familienstand: verheiratet
Spitznamen: »Doktor Faust«, »Der Mann mit der Eisenfaust«
Größe: 2,02 Meter
Gewichtsklasse: Schwergewicht
Trainer: Fritz Sdunek
Erfolge als Amateur:
- 6-facher ukrainischer Meister
- Chemiepokal-Sieger 1995
- Vizeweltmeister in Berlin 1995
- Militärweltmeister 1995

Fazit als Amateur: 210 Kämpfe, davon 195 Siege
Erfolge als Profi:
- Debüt am 16. 11. 1996
- WBO-Intercontinental-Meister
- Europameister
- WBO-Weltmeister

Fazit als Profi: 26 Kämpfe, davon 26 Siege durch K. o.

Das ist Wladimir Klitschko

Geburtsdatum: 25. März 1976
Geburtsort: Kiew, Ukraine
Wohnort: Hamburg
Nationalität: ukrainisch
Erlernter Beruf: Lehrer
Familienstand: geschieden
Größe: 2,00 Meter
Gewichtsklasse: Schwergewicht
Trainer: Fritz Sdunek
Erfolge als Amateur:
- 6-facher ukrainischer Meister
- Junioren-Europameister 1994
- Vizeweltmeister der Junioren 1995
- Vizeeuropameister 1996
- Militärweltmeister 1996
- Olympiasieger in Atlanta, USA, 1996

Fazit als Amateur: 140 Kämpfe, davon 134 Siege
Erfolge als Profi:
- Debüt am 16. November 1996
- WBC-International-Meister 1998
- WBA-Continental-Meister 1999
- Europameister 1999

Fazit als Profi: 30 Kämpfe, davon 29 Siege (27 K. o.), 1 Niederlage

ring gemacht«, erzählt Vitali. Immer wieder mal gab es geringe Verletzungen an der Hand oder kleine *cuts.* »Aber 1994 haben wir dann damit aufgehört. Wir sparrten gerade, und Wladimir machte einen unüberlegten Schritt zurück. Ich hörte ein Krachen und sah Wladimir mit großen Schmerzen zu Boden gehen.« Im Krankenhaus diagnostizierten die Ärzte ein gebrochenes Bein. »Wie ist sowas möglich?«, fragt Vitali sich noch heute. Die beiden zogen aus dem Vorfall ihre Konsequenzen. »Es muß ein Zeichen Gottes sein, daß Brüder niemals gegeneinander antreten sollten. Wir haben dasselbe Blut, und wenn man gegeneinander kämpft, wird wieder irgend etwas Schlimmes geschehen.« Seitdem gibt es also kein gemeinsames Sparring mehr, und ein richtiger Kampf kommt sowieso nicht in Frage. Aufgrund der vielen Weltverbände gibt es genügend Möglichkeiten, Weltmeister zu werden und sich trotzdem aus dem Weg gehen zu können. »Wir haben keinen Wettbewerb. Ich würde mich freuen, wenn mein Bruder Weltmeister werden würde«, so Vitali. »Ich will meinem Bruder – so gut ich kann – dabei helfen. Mein Bruder wird dasselbe für mich tun. Das macht uns so stark.« Und Wladimir ergänzt: »Es gibt vier große Titel im Schwergewicht. Vitali gewinnt zwei davon, und ich gewinne die beiden anderen.« Getrennt marschieren, vereint schlagen: Das ist das sportliche Motto der Boxbrüder.

Ob mit oder ohne Titel: Die »weißen Riesen«, die mit dem Gas- und Ölminister der Ukraine befreundet sind und sich auch mit dem Oberbürgermeister ihrer Heimatstadt duzen, könnten nach ihrer Sportkarriere auch ohne weiteres in die Politik ihres Landes einsteigen. »Vitali wird Sportminister, Wladimir Gasminister«, orakelte der Universum-Geschäftsführer Peter Hanraths schon heute.

LUAN KRASNIQI

– INTERNATIONALE FÄUSTE

Es läuft alles ein wenig anders im Leben von Luan Krasniqi. Zwar entschied sich der Europameister der Amateure wie viele seiner Kollegen zu einem Wechsel ins Lager der Profis, doch unterschrieb Krasniqi nicht bei einem deutschen Großpromoter: Der Engländer Frank Maloney, Manager der Panix Promotion des zypriotischen Geschäftsmanns Panos Eliades, sicherte sich mit dem Bielefelder Manager Olaf Schröder die Dienste des kämpfenden Multitalents. Krasniqi, im Kosovo nahe der jugoslawisch-albanischen Grenze geboren, absolvierte nach einem guten Abitur erst eine Ausbildung zum Groß- und Einzelhandelskaufmann, arbeitete dann als Kundenberater bei einer Bausparkasse und fungierte im Nebenberuf noch als Dolmetscher auf dem Amtsgericht. Dies kommt nicht von ungefähr: Krasniqis Sprachbegabung ist phänomenal – er spricht Albanisch, Serbisch, Kroatisch, Englisch, Französich, Italienisch, Spanisch und Deutsch fließend.

Ein wesentlicher Grund für die Vertragsunterzeichnung mit den Managern von der Insel im Juni 1997, die auch den Schwergewichts-Weltmeister Lennox Lewis als Klienten betreuen, war die Zusicherung, im heimischen Rottweil wohnen bleiben zu können. Dort wurde dem bodenständigen Schwergewichtler ein eigenes Trainingszentrum eingerichtet, in dem er nun mit seinem Entdecker Theo Kerekesch am boxerischen Feinschliff arbeitet.

Nur zweimal boxte Krasniqi bisher als Profi in Deutschland; ansonsten betrat er den Ring in Frankreich, England und im amerikanischen Ostküsten-Spielerparadies Atlantic City – nicht schlecht für einen Neuling der Szene.

Der Kosmopolit am Trainingsgerät: Luan Krasniqi im Trainingszentrum in Rottweil.

Der 1994 eingebürgerte Krasniqi machte als Amateur vor allem durch Kämpfe gegen die kubanische Box-Legende Felix Savon Schlagzeilen. Beim Weltmeisterschaftsturnier 1995 in Berlin schlug Krasniqi zunächst Wladimir Klitschko klar nach Punkten, zog dann aber im Finale in der zweiten Runde gegen Savon den kürzeren. Ein weiteres Duell bei den Olympischen Spielen in Atlanta scheiterte an einer Handverletzung des Deutschen, der sich dennoch über eine Bronzemedaille freuen durfte.

Das ist Luan Krasniqi

Geburtsdatum: 10. Mai 1971
Wohnort: Rottweil
Größe: 1,90 Meter
Gewichtsklasse: Schwergewicht
Trainer: Theo Kerekesch
Erfolge als Amateur:
- Deutscher Meister 1994
- Vizeweltmeister 1995
- Europameister 1996
- Olympiadritter 1996
- Wahl zum »Amateurboxer des Jahres 1996«

Fazit als Amateur: 135 Kämpfe, davon 118 Siege
Erfolge als Profi:
- Debüt am 2. September 1997

Fazit als Profi: 11 Kämpfe: 11 Siege (5 K. o.)

ZELJKO MAVROVIC

– »BLITZFAUST« MIT IROKESENFRISUR

Als Zeljko Mavrovic im April 1995 den tapferen, aber überforderten Franzosen Christophe Bizot in der elften Runde durch T. K. o. besiegte und sich nach dem Kampf im französischen Levallois Europameister nennen durfte, war in Fachkreisen niemand überrascht. Der Geheimtip der Schwergewichtsszene aus dem kroatischen Zagreb, der mit deutscher Lizenz und unter deutschem Management boxt, hatte sich bereits eine ordentliche Reputation verschafft. Aufgefallen war er nicht nur durch seinen Irokesenschnitt, sondern auch durch seine schnellen Kombinationen und seine Schlaghärte in beiden Händen.
Der am 17. Februar 1969 geborene Mavrovic hat das Boxhandwerk auf die harte Weise gelernt. Raufereien auch ernsterer Art waren in seinem Zagreber Wohnviertel durchaus an der Tagesordnung. »Damals war ich eher ein Mittelgewichtler«, erinnert sich Mavrovic, der sich trotzdem auch bei mächtigeren Gegnern Respekt verschaffen konnte.
»Durch meine schnellen Fäuste und mein gutes Auge war ich in der Lage, auch die vermeintlich Größeren und Stärkeren zu schlagen. Meine Reflexe und mein Auge sind meine besten Waffen im Boxen.«
Das erkannte auch der kroatische Trainer Milan Richter, der den »Rohdiamanten« – damals noch mit bürgerlicher Frisur – zu einem der erfolgreichsten Amateure in Kroatien machte. Vor Beginn der Profikarriere standen 124 Siege in 140 Kämpfen im Kampfrekord, mit Siegen sowohl bei den Junioren- als auch den Seniorenmeisterschaften des Landes. Zweimal reiste Zeljko Mavrovic zu Olympischen Spielen (1988 nach Seoul, 1992 nach Barcelona) und stand in der Amateur-Weltrangliste auf Position vier. Auch in Deutschland war er zu dieser Zeit längst kein Unbekannter mehr: Er boxte für Berlin in der Bundesliga.

Verunglückte Frisur als Markenzeichen: Die »Eisenfaust« mit »Irokesenschnitt«, Zeljko Mavrovic.

Auf Empfehlung von Manager Ebby Thust nahm Promoter Wilfried Sauerland Mavrovic 1992 unter Vertrag. Im Debütkampf schlug Zeljko »Zed« Mavrovic den Belgier Bruno Podgorny in drei Runden vorzeitig. Ähnlich erging es seinen anderen Gegnern auf dem Weg zum ersten internationalen Titel, der Europameisterschaft. Der blaue Gürtel wurde von ihm sechsmal erfolgreich verteidigt und schließ-

lich niedergelegt, um sich voll auf die bevorstehende WM-Chance vorzubereiten. Denn beim WBC (World Boxing Council) erreichte der kroatische »Sportler des Jahres 1995« den Spitzenplatz und somit das verbriefte Herausforderungsrecht für den Weltmeister Lennox Lewis (England). In dem Kampf am 26. September im »Mohegan Sun Casino« in Uncasville (US-Bundesstaat Connecticut) war Mavrovic der klare Außenseiter. Doch sein aufrechter Stil und die schnelle Führungshand machten dem amtierenden Weltmeister das Leben im Ring sehr schwer – in Runde sieben war gar die Chance auf einen Niederschlag zum Greifen nahe. Am Ende votierten die drei Punktrichter aber doch zugunsten des Weltmeisters. Sie hatten Lewis mit durchschnittlich sechs Runden in Führung. Neben der zwei Millionen Mark hohen Börse verdiente sich Mavrovic so jedoch auch den Respekt des Champions – und der Fans.

Trainiert wird Mavrovic vom englischen Coach Darkie Smith, der bereits mit den Weltmeistern Dennis Andries und Nigel Benn (beide in England) gearbeitet hatte. Außerhalb des Rings ist Mavrovic ein eher sensibler Typ, der sich für Literatur und Esoterik interessiert und sich makrobiotisch ernährt. Gemeinsam mit seiner Freundin Jelena lebt er in Pavucnjak, 20 Kilometer von Zagreb entfernt.

TV-Kamera-Szenen aus dem großen WM-Fight gegen WBC-Weltmeister Lennox Lewis. Eine Leistung, die dem Kroaten mit deutscher Lizenz Zeljko Mavrovic (r.) viel Anerkennung einbrachte.

Das ist Zeljko Mavrovic

Geburtsdatum: 17. Februar 1969
Geburtsort: Zagreb
Wohnorte: London, Düsseldorf, Zagreb
Familienstand: ledig
Größe: 1,91 Meter
Gewichtsklasse: Schwergewicht
Trainer: Darkie Smith
Erfolge als Amateur:
- Olympiateilnehmer 1992
- Bundesligaboxer

Fazit als Amateur: 140 Kämpfe, davon 124 Siege

Erfolge als Profi:
- Internationaler Deutscher Meister 1994
- kroatischer »Sportler des Jahres 1995«
- Europameister bis 1998
- WM-Herausforderer 1995

Fazit als Profi: 28 Kämpfe, davon 27 Siege (22 K. o.), 1 Niederlage

MARIO SCHIESSER

– VON DER THEKE IN DEN RING

Im Ostberliner Stadtteil Lichtenhagen betreibt Mario Schießer seine eigene Kneipe. Hier liegen seine Wurzeln, und ausschenken muß er auch in seinem anderen Beruf: Der 34jährige 100-Kilo-Mann ist Deutscher Meister im Schwergewicht und boxte zweimal um die Europakrone. Beim Kampf um den internationalen Titel wurde er beide Male vorzeitig geschlagen: Erst vom Engländer Harry Akinwande, der ihn nach der siebten Runde auf die Bretter schickte, und dann – im zweiten Anlauf im Oktober 1998 – wurde »Super-Mario«, wie ihn seine treuesten Fans auch heute noch nennen, das 22. »Opfer« von Vitali Klitschko. In der zweiten Runde war für Schießer »Zapfenstreich«. Seine stattliche Börse betrug 250.000 DM.
Doch auch nach dieser schnellen Niederlage sieht er seine Karriere nicht beendet. Noch hält er den nationalen Meistertitel und will ihn auch einige Zeit verteidigen. Ein – möglicher – Rückkampf gegen den Kölner Kim Weber ist von Schießer zugesagt. Denn der Sieg über den bis dato ungeschlagenen Weber kam für viele überraschend – nicht aber für Schießer. »Es lief alles nach Plan«, so der Berliner, der acht Runden lang die besten Schläge Webers wegsteckte, dann aufwachte und in der zehnten Runde vorzeitig gewann. Erfahrung macht halt vieles wett, und davon hat Schießer mehr als jeder andere aktive deutsche Schwergewichtler. 36 Siege in 41 Kämpfen sind eine gute Bilanz, die sich auch in respektablen Rangplazierungen niederschlägt. Seine Kämpfe sind wahre Ringschlachten, in denen es zur Sache geht, und bei denen er auch selbst häufiger Treffer wegstecken muß, als ihm lieb ist.
Seinen Erfolg mußte sich Schießer auf hartem Weg erarbeiten. Er flüchtete 1988 über die ungarisch-österreichische Grenze nach Berlin und verdiente sich als Sparringspartner für andere Profis seinen Lebensunterhalt. Der Vize-DDR-Meister der Junioren wurde 1990 Profi und hielt neben dem Titel des Deutschen auch den des Internationalen Deutschen Meisters. Um den letzteren dürfen alle in Deutschland lizenzierten Boxer antreten – unabhängig von ihrer Nationalität. So ganz hat Schießer den Traum vom großen Titel noch nicht aufgegeben – trotz häufiger Verletzungen, die so manche Zwangspausen nötig machen: »Im Schwergewicht ist vieles möglich.«

Trotz Niederlagen noch im Geschäft: Mario Schießer glaubt weiter an seine Chance.

Das ist Mario Schießer

Geburtsdatum: 5. August 1964
Geburtsort: Berlin
Spitzname: »Super-Mario«
Größe: 1,86 Meter
Gewichtsklasse: Schwergewicht
Trainer: Erwin Sahm
Erfolge als Amateur:
- DDR-Vizemeister der Junioren 1980

Fazit als Amateur: 70 Kämpfe, davon 55 Siege

Erfolge als Profi:
- Debüt am 7. Dezember 1990
- Deutscher Meister 1995, 1998
- Internationaler Deutscher Meister 1993, 1997

Fazit als Profi: 41 Kämpfe, davon 36 Siege (24 K. o.), 4 Niederlagen, 1 Unentschieden

AXEL SCHULZ

– VIELE CHANCEN UND KEIN HALLELUJA

Das Bild sprach mehr als die berühmten tausend Worte: Axel Schulz stand mit hochgerissenen Armen da, jubelte seine ganze Anstrengung und Anspannung heraus. George Foreman hingegen wirkte wie ein achtlos stehengelassener Teddybär. Kraftlos stapfte er, eine sichere Niederlage vor Augen, zurück in seine Ecke. Doch die meisten der 12.000 Zuschauer in der Arena des »MGM

»In der Weltspitze habe ich nichts mehr zu suchen«: Ein geschlagener Axel Schulz (l.) hebt die Faust, die seine Karriere als Profiboxer zerschlug und Wladimir Klitschko zum Europameister machte.

Grand Casino« im amerikanischen Spielerparadies Las Vegas trauten am 22. April 1995 nach der Bekanntgabe der Entscheidung ihren Ohren nicht. Einer der Punktrichter wertete den Kampf um die IBF-Weltmeisterschaft (IBF = International Boxing Federation) im Schwergewicht unentschieden, die beiden anderen sahen George Foreman mit jeweils 115:113 Wertungspunkten vorn; ein hauchdünnes Urteil zugunsten des Baptistenpredigers aus Texas, aber nicht ohne bitteren Beigeschmack. Auch die amerikanische Presse überhäufte Axel Schulz, den sie vor diesem Duell noch als »Axel, who?« titulierte, mit Lob.

So richtig hatte niemand dem blonden 100-Kilo-Boxer aus Frankfurt/Oder eine solch beherzte Leistung zugetraut. Der damals 26jährige war als krasser Außenseiter in den Ring gestiegen. Gegner Foreman hingegen hatte im November 1994 im Alter von 46 Jahren das Kunststück fertiggebracht, 20 Jahre nach seinem ersten Titelgewinn ein zweites Mal Weltmeister aller Klassen zu werden. Er schlug Michael Moorer in Runde zehn k. o., glaubte an eine leichte Titelverteidigung gegen den international unbekannten Deutschen. Was für ein Vergleich: Der US-Goliath gegen den deutschen David. Ein Außenseiter greift nach den Sternen.

Der Glanz früherer Tage aber ist von Foreman abgeblättert, und was davon noch übrig ist, heftet sich nun Schulz ans Revers. Denn mittlerweile scheint fest zu stehen, daß Schulz in Wahrheit gegen vier Gegner boxte, also gegen Foreman und die drei Punktrichter. Nach zweijährigen Ermittlungen gegen die IBF und infolge der Anklage einer Grand Jury gegen führende Funktionäre der International Boxing Federation wegen Erpressung, Betrug und Bestechung dürfte es nun amtlich sein, daß der Kampf gegen Foreman manipuliert war. Auch wenn ihm der verdiente Punktsieg verwehrt wurde, die Anerkennung – der moralische Sieg – geht an Axel. Einstimmig.

Seine Laufbahn als Boxer begann schon 16 Jahre vorher. Erste Schläge gegen den Sandsack machte Schulz unter der Anleitung von Manfred Gerke im Trikot der BSG »Gaselan« Fürstenwalde und wechselte 1982 zum Re-

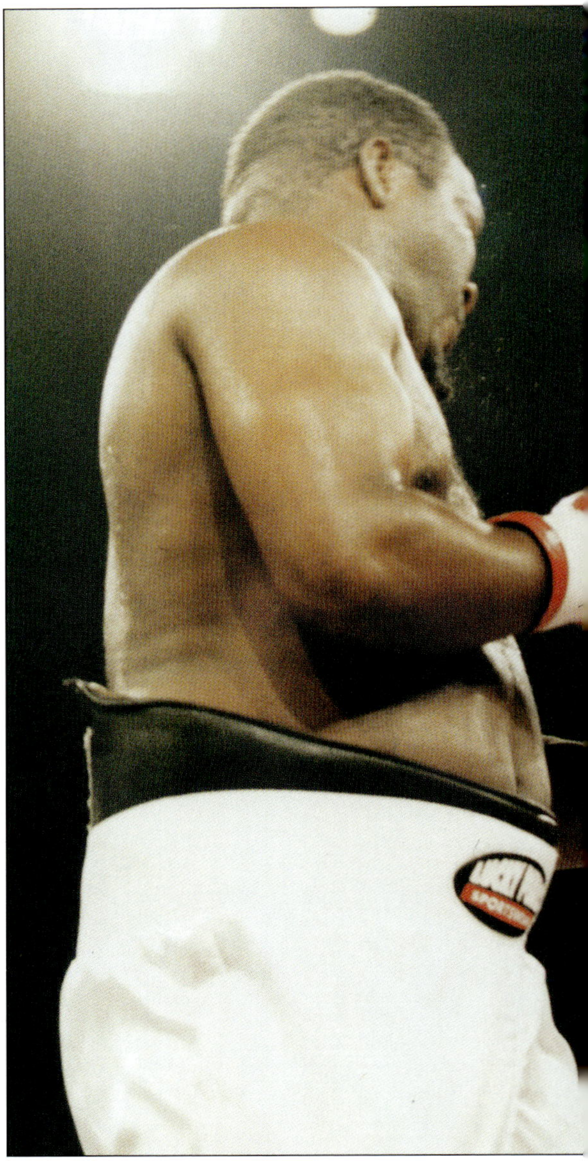

nommierklub ASK Vorwärts Frankfurt/Oder. Vom 13. bis zu seinem 17. Lebensjahr war er ununterbrochen Kinder- und Jugendmeister der DDR. Im Jahr 1986 wurde er dann in Dänemark Junioren-Europameister im Halbschwergewicht.

1988 begann schließlich die Erfolgsstory: Manfred Wolke wurde Axels neuer Trainer. Schulz wurde im selben Jahr noch Seniorenmeister der DDR, gewann ein Jahr später mit

Richard Mason weicht aus, Axel Schulz verfehlt mit der rechten Geraden. Am Ende des Kampfes im August 1998 hieß es zum 15. Male: »Sieger nach Punkten ist Axel Schulz.«

dem Chemiepokal in Halle ein internationales Turnier. Bei der EM in Athen erreichte Schulz die Silbermedaille, mußte nur dem Holländer Arnold Vanderlijde den Vortritt auf die höchste Stufe des Treppchens lassen. In Moskau, bei der Weltmeisterschaft, stoppte eine Bänderverletzung den Griff nach dem Lorbeerkranz. Axel konnte gegen den Kubaner Felix Savon nicht antreten, durfte sich aber mit der Bronzemedaille trösten. Es folgten ein operativer Eingriff und eine siebenmonatige Pause.

Im Mai 1990 unterschrieb Schulz bei Wilfried Sauerland den Profivertrag. Seine Bilanz als Amateur: 98 Kämpfe mit 78 Siegen.

Dem Gewinn der deutschen Meisterschaft folgten zwei vergebliche Anläufe auf den Titel des Europameisters. Unterm Strich blie-

Ein Liebling der Boxfans mit Schlag bei Frauen. Axel Schulz als Werbemodell für seinen Sponsor »Uncle Sam«.

ben ein Unentschieden und eine Punktniederlage gegen den baumlangen Engländer Henry Akinwande, die jedoch mehr als ein nur respektables Ergebnis sind: Der erste Schulz-Bezwinger bei den Profis wurde später Weltmeister der WBO.

Der Schritt ins Profilager hat sich für den gelernten Fernsehmechaniker längst mehr als bezahlt gemacht. Nach dem Kampf mit Foreman schien die Zukunft rosiger denn je und der Titel zum Greifen nahe.

»Nie wieder«, so George Foreman auf der Pressekonferenz nach dem harten Schulz-Fight, wolle er mit diesem »tasmanischen Teufel« gemeinsam in einem Boxring stehen. Das Ende vom Lied: Der Weltverband IBF nahm Foreman wegen dessen Weigerung, einem zweiten Duell mit Schulz zuzustimmen, den WM-Gürtel ab und forderte statt dessen einen Kampf zwischen Schulz und dem Nummer-eins-Herausforderer Frans Botha (Südafrika). Schulz-Manager Wilfried Sauerland ersteigerte den Kampf, und die Situation war so günstig wie nie: Axel Schulz im Sympathie-Hoch seiner Karriere kämpfte gegen einen vergleichsweise schwachen Herausforderer um den Titel. Da konnte eigentlich kaum noch etwas schiefgehen.

Ging es dann aber doch: Den 9. Dezember 1995 werden Boxfans in schlechter Erinnerung behalten. Die 13.000 Zuschauer in der Stuttgarter Schleyer-Halle und über 18 Millionen Zuschauer vor den Fernsehgeräten erlebten einen technisch wenig anspruchsvollen Kampf. Botha, bis dato in 35 Kämpfen ungeschlagen, überraschte Schulz mit einer guten Kondition und überfallartigen Attacken. Axel wirkte in der Favoritenrolle verunsichert, verkrampft. Er überließ dem Südafrikaner die Kampfesführung, und als er dann zur Aufholjagd ansetzte, war der Punktevorsprung bereits zu groß. Gegen Foreman war Schulz über sich hinausgewachsen, gegen Botha blieb er hinter seinen Möglichkeiten zurück. Am Ende wurde Frans Botha, der »weiße Büffel«, einstimmig zum Punktsieger erklärt. Axels Niederlage brachte einige Fans derart in Rage, daß sie für die Siegesfeier kühlgestellte Champagnerflaschen in Richtung Ring warfen. Mehrere Unbeteiligte erlitten dabei schwere Verletzungen.

Des Nachspiels zweiter Teil folgte einige Tage später: Die Dopingprobe von Frans Botha ergab einen positiven Befund. Der neue Weltmeister hatte sich anabole Steroide zugeführt, verweigerte jedoch die Aussage. Botha wurde der Titel aberkannt, und der Kampf steht nun als *no contest* in den Rekordbüchern.

Schulz stellte allerdings einen Weltrekord auf: Drei WM-Titelkämpfe als Herausforderer in weniger als 14 Monaten sind ein einsamer Rekord.

Im Dortmunder Westfalenstadion hieß der Gegner in Profikampf Nummer 26 nunmehr Michael Moorer. Der Amerikaner hatte Evander Holyfield nach Punkten geschlagen und seinen WM-Titel dann gegen George Foreman verloren. Rechtsausleger Moorer war vorher bereits Weltmeister der WBO im Halbschwergewicht gewesen und brachte die respektable Bilanz von 37 Siegen und nur einer Niederlage mit nach Deutschland. Die Punktrichter addierten ein knappes 2:1 Urteil gegen Schulz. Diese Hochrechnung war allerdings sehr geschmeichelt. Ein Sieg wäre un-

verdient gewesen und hätte dem Boxsport und dessen ohnehin angekratzter Glaubwürdigkeit einen Bärendienst erwiesen.
Fest steht: Die Leute mögen ihn, weil er seinen fehlenden *punch* immerhin durch Kondition und Mut kompensierte. Ein Kampf gegen Mike Tyson ließ sich trotz mehrerer Versuche nicht realisieren, und nach einer Bandscheibenoperation trat Schulz am 25. September 1999 in der ausverkauften Köln-Arena gegen Wladimir Klitschko zum Kampf um die Europameisterschaft an. Schulz' dritter Anlauf auf diesen Titel wurde der schmerzhafteste. Der als »Stunde der Wahrheit« titulierte Fight, den über 11 Millionen Zuschauer via TV-Übertragung verfolgt haben sollen, geriet allerdings zu einer sehr einseitigen Angelegenheit. Wladimir Klitschko zeigte alle Schwächen von Schulz deutlich auf, rammte ein ums andere Mal seine linke Führhand durch die Deckung des Deutschen und schickte den »weichen Riesen« in der 8. Runde zweimal auf die Bretter und somit in den sportlichen Ruhestand.
»Jetzt ist es genug: Ich mache Schluß. In der Weltspitze habe ich nichts mehr zu suchen«, erklärte Axel Schulz direkt nach dem Kampf, für den er eine Bruttobörse von über drei Millionen Mark erhielt. Jetzt will sich der Schwergewichtler, dem ein Nachrichtenmagazin bescheinigte, den »Mitleidsfaktor von bedrohten Robben« zu genießen, stärker um seine Boutiquen und Telefonläden kümmern. Eine Rückkehr in den Ring schließt er aus. Axel Schulz ist also nicht der zweite Max Schmeling geworden. Eine Würde, die man ihm immer wieder zugetraut hatte. Ein Platz im deutschen Box-Geschichtsbuch ist ihm dennoch sicher: als erster Axel Schulz.

»Key fights« von Axel Schulz

- **19. Dezember 1992, Berlin (Eissporthalle): Henry Akinwande, Unentschieden, 12 Runden (EM-Kampf)**

Nach dem Gewinn der deutschen Meisterschaft war die Hürde im ersten EM-Kampf für Axel Schulz dann doch zu hoch: Henry Akinwande, ein 2,03-Meter-Mann aus London, hatte bis dato 18 Kämpfe erfolgreich bestritten, davon 12 durch K. o. Für Axel war es Kampf Nr. 15, davon 8 mit K.-o.-Erfolgen. Der Heimvorteil – 2000 Zuschauer – alleine reichte nicht aus: Die Punktrichter errechneten nur ein Unentschieden. Den Rückkampf verlor Schulz einstimmig nach Punkten.

- **22. April 1995, Las Vegas/ USA (MGM Grand Casino): George Foreman, Punktniederlage, 12 Runden (IBF-WM-Kampf)**

Zuschauer: 11.000
Börsen: George Foreman 15 Mio DM, Axel Schulz 750.000 DM
Punktwertungen: Chuck Giampa 114:114, Jerry Roth 115:113 (Foreman), Dalby Shirley 115:113 (Foreman)

- **22. Juni 1996, Dortmund (Westfalenstadion): Michael Moorer, Punktniederlage, 12 Runden (IBF-WM-Kampf)**

Zuschauer: 20.000
Börsen: Schulz 2,25 Mio DM,
Moorer 5,5 Mio DM
Punktwertungen: John Steward (USA) 115:113 (Moorer), Dave Parris (England) 116:113 (Moorer), Giovanni Cavallieri (Italien) 115:113 (Schulz)

Das ist Axel Schulz

Geburtsdatum: 9. November 1968
Geburtsort: Bad Saarow
Wohnort: Frankfurt/Oder
Familienstand: ledig
Größe: 1,91 Meter
Gewichtsklasse: Schwergewicht
Trainer: Manfred Wolke
Erfolge als Amateur:
- Junioren-Europameister 1986
- DDR-Meister 1988
- EM-Silber- und WM-Bronzemedaille 1989

Fazit als Amateur: 98 Kämpfe, davon 78 Siege
Erfolge als Profi:
- Debüt am 5. Oktober 1990
- Deutscher Meister 1992

Fazit als Profi: 32 Kämpfe, davon 26 Siege (11 K. o.), 4 Niederlagen, 1 Unentschieden, 1 »no contest«

KIM WEBER

– ERST DENKEN, DANN SCHLAGEN

Eher unbeachtet kam Kim Weber – im Schlepptau des Deutschen Meisters der Amateure im Schwergewicht, René Breitbarth, und des neuen Cheftrainers Fritz Sdunek – an die Elbe in den Boxstall von Klaus-Peter Kohl. Aus dem »Anhängsel« wurde ein Schwergewichtler von Format, der hochgehandelte Breitbarth hingegen mußte seine Profikarriere inzwischen wegen einer Augenverletzung aufgeben.

»Deckung geschlossen halten, oder...«: Der plötzliche Niederschlag Kim Webers nach einer Schlagkombination Willi Chapmans im November 1998 dürfte die meisten Fotografen am Ring überrascht haben – die TV-Kamera aber fing den entscheidenden Moment ein. Zwei Runden später allerdings schlug Weber den Amerikaner k. o.

Nach herben Rückschlägen meldete sich Weber Ende 1998 eindrucksvoll zurück. Dem größten sportlichen Sieg bei der deutschen Doppelmeisterschaft über Willi Fischer – es ging um den Deutschen und den Internationalen Deutschen Meistertitel – folgten ein schwerer Motorradunfall, ein Trainerwechsel und eine unerwartete Niederlage.

Die Wertschätzung des einstigen Trainers Fritz Sdunek kam nach zwei Profikämpfen so zum Ausdruck: »Kim hat mit Sicherheit die technischen und motorischen Voraussetzungen für eine erfolgreiche Boxzukunft.« Sdunek kennt Kim schon von dessen Anfangszeit bei den Amateuren her. Hinzu kommen bei Weber noch der Wille, im Sport erfolgreich zu sein, und der große Trainingsfleiß des heute 28jährigen.

Weber ist Perfektionist: Einer, der markigen Sprüchen auch Taten folgen lassen will und sich immer kritisch mit allem auseinandersetzt. Flüchtigem Lob setzt er handfeste Argumente entgegen. Auch verfällt der Kölner, dessen Vater aus dem afrikanischen Zaire stammt, nicht in unangebrachte Euphorie, wenn mal alles nach Plan verläuft. Diese realistische Selbsteinschätzung ist ein weiterer posi-

Juli 1998: Die Dramatik des Augenblicks. In wenigen Sekunden vom sicheren Sieger zum klaren Verlierer. Kim Webers (r.) einzige Niederlage gegen Mario Schießer.

tiver Faktor, ohne den kein Erfolg möglich ist. Zur Biographie Webers gehört auch ein privater »Niederschlag«. Als Türsteher einer Diskothek fühlte er sich von einer Gruppe junger Männer bedroht und erschoß einen von ihnen. Nach siebenmonatiger Untersuchungshaft erkannte das Gericht auf »Putativ-Notwehr« (eine Abwehrhandlung, die in der Annahme erfolgt, daß Notwehr unerläßlich ist) und verurteilte Weber zu drei Monaten Gefängnis auf Bewährung.

Der Boxer mit Abitur ist an einer Vermarktung seiner Lebensgeschichte nicht interessiert. Keine Fernsehauftritte, um die Geschichte, die so gut zu einem Boxer paßt, auszuschlachten. Statt dessen liefert er punktgenaue Kommentare als Analytiker bei Boxübertragungen oder äußert sich zu politischen Themen. Er wolle, sagt Weber, »eigentlich nur als Boxer betrachtet werden«.

Die Erfolgsbilanz ist beeindruckend und um so erstaunlicher, da Weber erst mit 18 Jahren beim SC Colonia in seiner Heimatstadt Köln mit dem Boxtraining begann. »Kampfsport hatte mich schon immer interessiert, anfangs habe ich Judo und Jiu-Jitsu gemacht«, erzählt Weber. Über den Colonia-Trainer Manfred Gebbauer kam der Kontakt zur Bundesligastaffel des TSV Bayer 04 Leverkusen zustande, die damals noch von Fritz Sdunek betreut wurde. Kim absolvierte ein Vortraining und hinterließ einen guten Eindruck – der Start in eine kurze, aber imposante Amateurlaufbahn. 23 Kämpfe stehen in dem Amateur-Startbuch, 17mal verließ er als Sieger den Ring. Und es brauchte schon Leute von Weltklasseformat, um Kim zu stoppen. Swilen Rusinow und Jewgeni Beloussow, zwei bärenstarke russische Kämpfer mit internationaler Erfahrung, hatten einigen Widerstand zu brechen, ehe sie als Punktsieger gegen Weber den Ring wieder verlassen konnten.

Dem Kampf gegen Willi »de Ox« Fischer, der von DSF-Kommentator (DSF = Deutsches Sport-Fernsehen) Hans-Joachim Rauschenbach als »beste Schwergewichts-Meisterschaft des Jahrzehnts« eingestuft wurde, folgte der Karriereknick: Motorradunfall, Trümmerbuch der Kniescheibe, lange Verletzungspause, langsamer Wiederaufbau. Nach vier Siegen (drei davon vorzeitig) hatte Weber wieder einen internationalen Titelkampf vor Augen. Vorher kam jedoch noch die Generalprobe gegen Mario Schießer. Weber dominiert, führt bis in die achte Runde uneinholbar nach Punkten. Dann die Wende, er nimmt Treffer, wackelt und wirkt mitgenommen, wankt beim Gong in seine Ecke. Die Augen glasig, die Knie weich, entscheidet sich die Ecke zur Aufgabe. Dem unerwarteten Ausgang folgte ein Krankenhausaufenthalt – zur Sicherheit. Der *check up* ergab kein beunruhigendes Ergebnis. Es folgten die Rückkehr in den Ring mit einem K.o.-Sieg über Daniel Salcedo und ein Härtetest gegen Willi Chapman (beide USA). In der vierten Runde des Duells mit Chapman geht Weber zu Boden, rappelt sich auf, besinnt sich auf seine Stärken und gewinnt schließlich in der sechsten Runde: ein doppeltes Comeback des Analytikers Weber, der dem Druck standhielt. »Ich habe gelernt, mit Rückschlägen umzugehen«, so Weber heute. Die umstrittene Punktniederlage im Meisterschaftsduell gegen Willi Fischer Ende Oktober 1999 bietet erneut Anlaß, dies unter Beweis zu stellen und um erneut ins Geschäft eingreifen zu können.

Das ist Kim Weber

Geburtsdatum: 13. Januar 1971
Geburtsort: Köln
Wohnort: Köln
Größe: 1,90 Meter
Gewichtsklasse: Schwergewicht
Trainer: Horst Brinkmeier, J. C. Davis
Fazit als Amateur: 23 Kämpfe, davon 17 Siege
Erfolge als Profi:

- Debüt am 13. März 1994
- Deutscher Meister 1996
- Internationaler Deutscher Meister 1996

Fazit als Profi: 29 Kämpfe, davon 27 Siege (18 K. o.), 2 Niederlagen

DIE CRUISERGEWICHTS-KLASSE

Die starken Gewichtszunahmen der Schwergewichts-Champions in den vergangenen Jahrzehnten machten die Einführung einer Zwischenklasse unabdingbar. Früher wogen die weltbesten Schwergewichtler kaum 98 Kilo, heute gilt ein Mindestgewicht von zwei Zentnern als Grundvoraussetzung für einen Sprung an die Weltspitze. Der WBC führte 1979 das Cruisergewicht ein, änderte allerdings drei Jahre später das Gewichtslimit um fünf amerikanische Pfund auf 88,450 kg. Nachdem IBF (erste WM: 1983) und WBA (World Boxing Association; erste WM: 1982) beim Originallimit blieben, machte auch WBC die Änderung rückgängig. Seit der Titelvereinigung 1988 von Evander Holyfield haben die großen Verbände alle ein einheitliches Limit von 86,182 kg.

Deutsche Weltmeister im Cruisergewicht waren Markus Bott, Dariusz Michalczewski und Ralf Rocchigiani sowie der in Hamburg lebende Kubaner Juan-Carlos Gomez.

Klassen-Profil

Gewichtsklasse
Bis 86,182 kg (= 190 lb)

Erster WM-Kampf
8. Dezember 1979 in Split (damalige Republik Jugoslawien); Marvin Camel (USA) und Mate Parlov (Jugoslawien) beenden ihren Kampf unentscheiden (WBC-Version)

Aktuelle Weltmeister

Verband	Name	Siege	Unentschieden	Niederlagen
IBF	Vassily Jirov (Kasachstan)	22	–	–
WBA	Fabrice Tiozzo (Frankreich)	40	0	1
WBC	Juan-Carlos Gomez (Kuba, Hamburg)	28	–	–
WBO	Johnny Nelson (England)	35	1	12

Der **letzte Vereinigungstitelkampf aller Verbände**, die zeitgleich offiziell anerkannt waren (hier IBF, WBA, WBC), fand am 9. April 1988 zwischen Evander Holyfield (USA) vs. Carlos De Leon (USA) statt.

Aktive Boxer mit deutscher Lizenz

- Markus Bott
- Yurder Demircan
- Juan-Carlos Gomez
- Alexander Jakob
- Michael Klötzsch
- Rüdiger May
- Torsten May
- Silvio Meinel
- Mario Nesemann
- Konstantios Patoulidis
- Alexander Slavisa Petkovic
- Fritz Plösser
- Timmy Punch
- Ralf Rocchigiani
- Heiko Schütz

MARKUS BOTT

– DAS »GROSSMAUL«

Er war der vierte Weltmeister in der Geschichte des deutschen Boxsports – und ist dennoch schnell in Vergessenheit geraten. Markus »Cassius« Bott aus Pforzheim schlug im Februar 1993 den Amerikaner Tyrone Booze nach Punkten und krönte sich selbst zum WBO-Weltmeister im Cruisergewicht. Booze hatte in Deutschland bereits Ralf Rocchigiani besiegt und war vorher mit dem Schwergewichtsweltmeister Evander Holyfield in einem Nichttitelkampf über die angesetzte Distanz gegangen.
Der 34jährige galt vor dem Duell gegen Bott als klarer Favorit, doch dessen neuer Trainer Enno Werle brachte das als trainingsfaul geltende »Großmaul« in eine weltmeisterliche Kondition, die sich letztlich auszahlte. 5000 Zuschauer erlebten in der Alsterdorfer Sporthalle die vollzogene Wandlung des Boxers Markus Bott.
Als Amateur wirkte Markus Bott in den wichtigen Kämpfen oft nicht austrainiert, weshalb ihm in den entscheidenden Momenten der Titel versagt blieb. Die Silbermedaille bei den Europameisterschaften 1985 war der einzige große internationale Erfolg. Immerhin sorgte Bott als Exzentriker für ausverkaufte Hallen. 1988 wechselte er zu den Profis, wurde mit einem Punktsieg über Manfred Jassmann Deutscher Meister im Schwergewicht und forderte danach den Engländer Johnny Nelson um die Europameisterschaft im Cruisergewicht heraus. In seiner Heimatstadt Karlsruhe verlor Bott in der zwölften und letzten Runde durch K. o., wurde des Dopings überführt und zwei Jahre lang von der europäischen Boxbehörde für internationale Titelkämpfe gesperrt. Eine weitere Niederlage schien bereits das »Aus« zu bedeuten, doch rappelte sich Bott nach einer »schöpferischen Pause« wieder auf und landete einige kurzrundige Siege. Die WBO erhob Markus Bott zum Pflichtherausforderer für Booze – und endlich hielt »Cassius« seine Versprechen.

Daumen hoch, trotz des abrupten Karriereendes: Markus Bott, Ex-»Großmaul« und Ex-Weltmeister, hat sich mit einer Sicherheitsfirma selbständig gemacht.

Mit den geplanten Titelverteidigungen wollte Bott große Kasse machen, doch schon nach dem ersten Versuch war vorerst Endstation. Er verlor den WM-Gürtel an den Argentinier Nestor Giovannini und konnte auch

die Revanche nicht für sich entscheiden.
An einen Neuanfang war nicht zu denken, denn Bott bekam nun erhebliche gesundheitliche Probleme. Schon im Fight gegen Giovannini hatte er zeitweise nur verschwommen gesehen. Die Ärzte diagnostizierten eine drohende Netzhautablösung. Daraufhin kündigte der Bund Deutscher Berufsboxer (BDB) die Lizenz, und der Vertrag mit Promoter Klaus-Peter Kohl wurde nicht verlängert. Bott erhielt Geld von der Versicherung und versuchte sich mit einer Sicherheits-Firma selbständig zu machen. Aber der »Ma-Bo-Security-Service« kam nicht richtig ins Rollen, und so ließ der finanzielle Engpaß Bott 1997 die Handschuhe wieder vom Nagel holen. Einige Siege gegen leichte Gegner nährten die Hoffnung auf einen großen Zahltag, doch der in Spanien beheimatete Lee Manuel Osie zerschlug diese Hoffnungen, indem er den Exweltmeister im Mai 1998 durch technischen K. o. in der neunten Runde besiegte. Das war das endgültige Karriereende für Markus Bott, der jetzt wieder mit seinem Security-Dienst für die Sicherheit der Besucher in den Boxhallen sorgt – und nicht zuletzt für seine eigene Gesundheit.

Das ist Markus Bott

Geburtsdatum: 13. Januar 1962
Wohnort: Keltern bei Kaiserslautern
Familienstand: verheiratet
Spitzname: »Cassius«
Trainer: Enno Werle
Erfolge als Amateur:
- Deutscher Meister 1983, 1985, 1987 und 1988
- Sieger beim Intercup 1984, 1985, 1986 und 1988
- Vizeeuropameister 1985

Fazit als Amateur: 264 Kämpfe, davon 189 Siege

Erfolge als Profi:
- Debüt am 30. Juni 1989
- Deutscher Meister im Schwergewicht 1990
- WBO-Weltmeister im Cruisergewicht 1993

Fazit als Profi: 33 Kämpfe, davon 28 Siege (20 K. o.), 5 Niederlagen

JUAN-CARLOS GOMEZ

– ZWISCHEN SCHLÄGEN UND SAMBA

Siegerlächeln: Juan-Carlos Gomez mit Trainer und Meistermacher Fritz Sdunek.

Welcher Kampf ist für einen Boxer letztlich der wichtigste? Vielleicht der, in dem er den ersten internationalen Titel gewinnt? Oder der Gewinn der Weltmeisterschaft?
Für Juan-Carlos Gomez könnte beides gelten, aber es gibt auch noch eine dritte Möglichkeit. Geht es nicht so sehr um Sport, sondern um Romantik, dann kommt sein Profikampf Nummer neun in Frage: gegen den Amerikaner David Robinson. Denn nach seinem kurzrundigen Sieg über den untrainierten Aufbaugegner machte Gomez Kathy

Dynamik pur: Erst die Rechte und gleich kommt die linke Schlaghand ins Ziel. Der »Black Panther« – ein konzentrierter und effektiver Arbeiter.

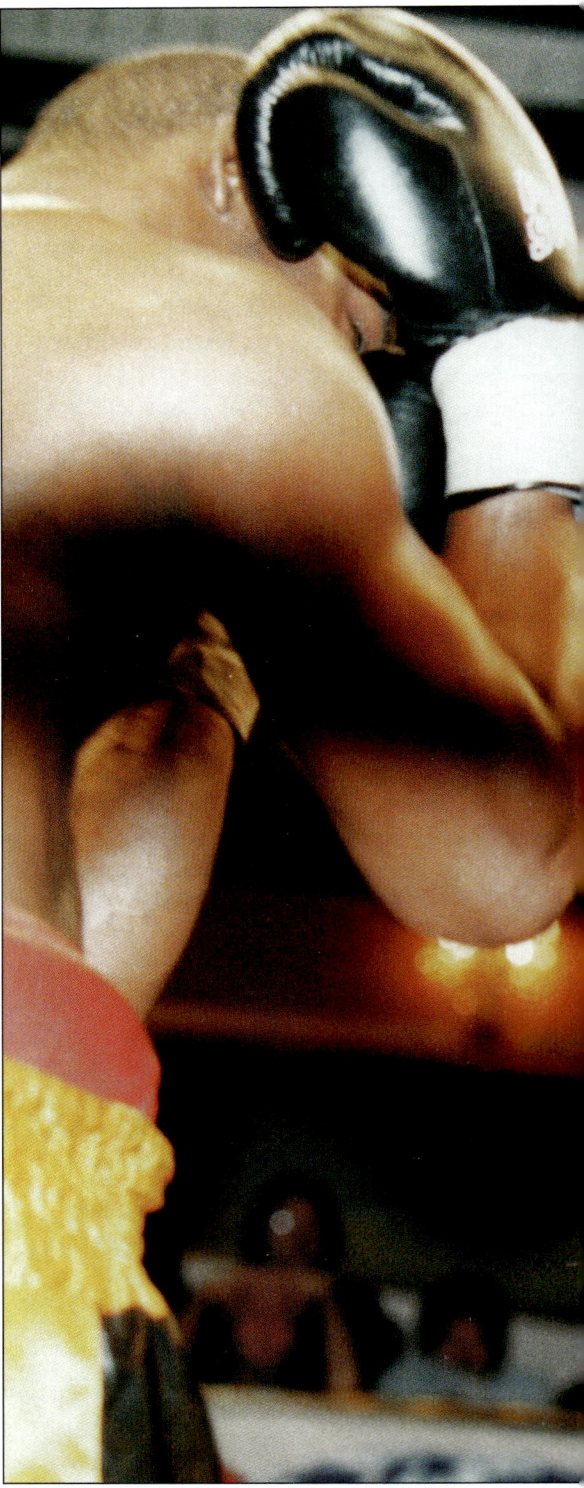

Sdunek, der Tochter seines Trainers Fritz Sdunek, vor laufenden Kameras im Deutschen Sport-Fernsehen (DSF) einen Heiratsantrag.
Der »schwarze Panther« ist ein geschmeidiger Boxer, der aber auch über die in der Weltspitze wichtige Schlagkraft verfügt. Der Rechtsausleger, der sich den Amerikaner Sugar Ray Leonard als sportliches Vorbild ausgesucht hat, bewies bereits während des Profidebüts seine Fähigkeiten. Ein sicherer Punktsieg gegen Dale Jackson, der zum erweiterten Kreis der Weltrangliste gehörte, war kein schlechter Einstieg. Doch dann kam das Heimweh: Gomez verschwand aus Hamburg, war nicht mehr zu erreichen, kehrte aber kurze Zeit später wieder zurück. Die Liebe zu Kathy Sdunek heilte die Sehnsucht nach Kuba, und es folgte der bereits erwähnte Heiratsantrag. Im März 1998 wurde die gemeinsame Tochter Delia Caroly geboren, für Gomez das zweite Kind. Ein weiterer »Titel« für den »Meistermacher« Sdunek: Ehefrau Carola und er konnten sich nun Großeltern nennen.
Nur Wochen zuvor hatte Gomez bereits die erste Etappe seines sportlichen Ziels erreicht, als er den Argentinier Marcelo Dominguez nach Punkten schlug, und damit der erst dritte von Deutschland aus gemanagte Boxer wurde, der einen Weltmeister-Titel im Ausland holen konnte. Dabei hatten sich die Südamerikaner alles ausgedacht, um ihm das Siegen so schwer wie möglich zu machen: ein lautes Hotel, das Konzentration und eine ruhige Vorbereitung unmöglich machte, und ein Ring mit dickem Filzbelag, der die schnellen Beine müde machen sollte. Aber sogar ein Einbruch in das Hotelzimmer von Gomez, bei dem alle seine persönlichen Papiere ent-

BLACK
PANTHER

wendet wurden, konnte das Team nicht aus der Ruhe bringen. Denn alles andere war generalstabsmäßig vorbereitet worden, und so konnte Gomez den Argentinier sicher auspunkten und hatte auf der Rückreise neben dem grünen WM-Gürtel schließlich auch einen Börsenscheck mit vielen Nullen im Gepäck.
Nach zwei vergleichsweise leichten Verteidigungen folgte der Rückkampf gegen den Argentinier. Das Duell mußte erst wegen einer Erkältung Gomez' um drei Wochen verschoben werden, konnte dann aber am 13. März in Lübeck stattfinden. Es war ein dramatischer Fight, bei dem der Titelverteidiger in der Pause nach der sechsten Runde schon ans Aufgeben dachte. »Ich kann nicht mehr, ich höre auf«, sagte Gomez zu seiner überraschten Ecke. Doch da schlug einmal mehr die Stunde des Motivationskünstlers Sdunek: »Denk' an Deine Tochter – ein Kubaner gibt nicht auf!« Das wirkte: Gomez gewann wiederum nach Punkten.
Seine sportlichen Ambitionen sind klar umrissen: Erst sollen die Titel im Cruisergewicht vereint werden, danach steht der Sprung in die »Königsklasse«, dem Schwergewicht, auf dem Programm.
Vielleicht wird auch der große Traum des Juan-Carlos Gomez noch Wirklichkeit: ein WM-Kampf auf der so weit entfernten Zuckerinsel. Doch solange das sozialistische System Fidel Castros dort herrscht, sieht es damit schlecht aus. Möglich wäre einzig ein Fight in Florida, wo viele Exil-Kubaner leben.
Ein anderes Problem konnte nur ein Schuster lösen: Gomez hat zwei unterschiedlich große Füße, benötigt einen Schuh in Größe 45 und den anderen noch eine Nummer größer. Weltmeister leben halt nun einmal auf sehr großem Fuß.

»Key fights« von Juan-Carlos Gomez

- **21. Februar 1998, Mar del Plata (Argentinien): Marcelo Dominguez, einstimmiger Punktsieg**

Gomez gewinnt den WM-Titel im Cruisergewicht nach WBC-Version. Im »Polideportivo Panamericana Stadio« gewinnt der an Nummer eins gesetzte Gomez die ersten Runden – und dann wieder die Schlußdurchgänge – nach Punkten.
Ringrichter: Richard Steele (USA)
Punktwertungen: Angel Luis Guzman (Puerto Rico) 116:112 (Gomez), Terry Smith (USA) 116:112 (Gomez), Chuck Giampa (USA) 115:113 (Gomez)

- **13. März 1999, Lübeck (Hansehalle): Marcelo Dominguez, einstimmiger Punktsieg**

Seit dem ersten Aufeinandertreffen in Argentinien hatte Gomez seinen Titel dreimal verteidigt, während Dominguez vier Kämpfe bestritt, die er alle gewann, zwei davon vorzeitig. Nach der sechsten Runde wollte Gomez schon aufgeben, kämpfte dann aber doch weiter und siegte wiederum einstimmig nach Punkten.
Ringrichter: Martin Denkin (116. WM)
Punktwertungen: Daniel Talon (Frankreich) 119:111 (Gomez), Richie Davis (England) 119:111 (Gomez), Tony Castellano (USA) 119:110 (Gomez)

Das ist Juan-Carlos Gomez

Geburtsdatum: 26. Juli 1973
Geburtsort: Havanna, Kuba
Wohnort: Hamburg
Familienstand: verheiratet, zwei Kinder
Spitzname: »Black Panther«
Größe: 1,91 Meter
Gewichtsklasse: Cruisergewicht
Trainer: Fritz Sdunek
Erfolge als Amateur:
- Junioren-Weltmeister 1990
- Kubanischer Meister 1995

Erfolge als Profi:
- WBC-International-Meister 1996
- WBC-Weltmeister im Cruisergewicht seit 1998

Fazit als Profi: 28 Kämpfe, davon 28 Siege (23 K. o.)

TORSTEN UND RÜDIGER MAY

– DENKER IM RING

Der als »die Stunde der Wahrheit« angekündigte Kampf wurde zum Debakel: Torsten May sollte gegen den boxerisch nur begrenzt fähigen Schweizer Stefan Angehrn die schlimme Niederlage im WM-Kampf gegen den Amerikaner Adolpho Washington vergessen machen. Damals war alles perfekt inszeniert gewesen, um May direkt in die Fußstapfen von Henry Maske treten zu lassen.

Doch der IBF-Titel im Cruisergewicht ging nach zwölf harten Runden einstimmig an den Amerikaner, der den Kampf in der Halbdistanz beherrschte.

Gegen Angehrn lief acht Runden lang alles nach Plan und Drehbuch, doch dann, mitten in der neunten Runde, drehte der Mann aus Frankfurt/Oder ab, schüttelte den Kopf und zeigte mit den Händen an: »Schluß, Ende, ich gebe auf.«

Torsten May (r.) kurz vor seiner Aufgabe gegen Stefan Angehrn. Diese Niederlage brachte ihm in gleichem Maße Unverständnis und Respekt bei den Boxfans ein. Nun ist er ein Boxer mit belastender Erinnerung und großer Zukunft.

Die Erklärung für diese Geste lieferte der Amateurweltmeister von 1991 gleich nach. Den besagten WM-Kampf in der Stierkampfarena von Mallorca, der mit einer Punktniederlage endete und nach dem Mays Gesicht bis zur Unkenntlichkeit verschwollen war, hatte der Boxer noch nicht abschließend verarbeitet. Der Kampf war schon schlimm gewesen, aber die persönlichen Erlebnisse danach gingen noch viel tiefer: Die hohen Erwartungen als potentieller Maske-Nachfolger ließ May im Kampf unerfüllt, die Trennung von Trainer Manfred Wolke tat ihr übriges, und als der kleine Sohn zu Hause schreiend vor seinem mit Blessuren überzogenen Vater davonrannte, war die verletzliche Psyche endgültig angeknackst. »Da habe ich mir zum ersten Mal Vorwürfe gemacht, daß ich es zugelassen habe, so viele Schläge zu bekommen«, erinnert sich May.

Die Erinnerung kam mit einer *cut*-Verletzung im Kampf gegen Angehrn wieder und führte zur Aufgabe des Favoriten. Eine Entscheidung, die May neben Hohn und Spott auch viel Anerkennung einbrachte.

Nach einer eingehenden Untersuchung und der Arbeit mit einer Psychologin wollte er noch einmal im Ring seinen Mann stehen. Ein Rückkampf gegen Adolpho Washington scheiterte erst wegen einer Verletzung Mays, fand dann aber im Mai 1999 statt. »Ich habe gemerkt, daß ich in den letzten zwei Jahren nicht mehr so geboxt habe, wie ich es gelernt habe. Dadurch hat sich meine Unsicherheit aufgebaut. Ich war eben nicht mehr von mir selbst überzeugt.«

Torsten Mays Erfolge als Amateur sprechen für sich. Besonders das Jahr 1991 wird für ihn immer eine besondere Bedeutung haben: Erst wurde er in Bonn Deutscher Meister, obwohl er nur als Ersatzmann zur Meisterschaft mitfahren durfte. »Ich hatte nichts zu verlieren und habe jetzt alles gewonnen, für mich geht ein Traum in Erfüllung!«, jubelte der Halbschwergewichtler, der nur wenige Wochen später für einen weiteren Paukenschlag sorgte: Bei den Weltmeisterschaften im australischen Sydney bezwang er im Finale den Russen Kurnjawka mit 27:14 Trefferpunkten und holte sich die Goldmedaille.

Im Schatten des bekannten Bruders: Rüdiger May und Trainer Uli Wegner haben einen Titelkampf im Visier.

»Der blonde Deutsche ist mein Favorit für Olympia«, sagte niemand geringerer als Schwergewichts-Weltmeister Evander Holyfield, nachdem er May bei den »Challenge-Matches« in Florida beobachten konnte. Und May bestätigte das Vertrauen, besiegte in Barcelona wiederum einen Russen im Finale und krönte seine Erfolge mit einer weiteren Goldmedaille. »Meine Leistungen bis zum Finale waren nicht besonders – aber letztlich zählt für mich nur der Olympiasieg«, so May.

Trotz der Medaillen war die fehlende Anerkennung ein Grund, zu den Profis zu wechseln. »Es ist schon komisch, man rackert sich ab, trainiert wie ein Verrückter und boxt Turnier um Turnier, wird Weltmeister und sogar Olympiasieger und ist trotzdem ein unbeschriebenes Blatt«, machte sich May seine Gedanken und setzte seine Unterschrift unter den Profivertrag bei Manager Wilfried Sauerland.

Nach der Trennung von Erfolgscoach Manfred Wolke dauerte auch die Zusammenarbeit mit Trainer Darkie Smith nicht allzulange: Jetzt wird Torsten May von Ulrich Wegner in Köln auf seine Kämpfe vorbereitet. Auch der fünf Jahre jüngere Bruder von Torsten May ist seit sechs Jahren im Profigeschäft. Rüdiger May pendelt zwischen Cruiser- und Schwergewicht, gewann alle Profikämpfe, fünf davon vorzeitig. Nach der Trennung von Trainer Manfred Wolke übernahm erst Vater Ulrich, ein ehemaliger Boxer, das Training seiner beiden Söhne. Nun wird auch Rüdiger von Ulrich Wegner betreut und steht vor seinem ersten Meistertitel – der Internationalen Deutschen Meisterschaft im Cruisergewicht. Im Schatten seines erfolgreichen Bruders das eigene Schrittempo für den Weg an die Spitze zu finden, ist derzeit die Hauptaufgabe für Rüdiger, der als zehnjähriger mit dem Boxen anfing und im Alter von 20 Jahren zu den Profis wechselte.

Das ist Rüdiger May

Geburtsdatum: 26. November 1974
Geburtsort: Meerane
Wohnort: Köln
Familienstand: verheiratet
erlernter Beruf: Bürokaufmann
Gewichtsklasse: Cruisergewicht
Nationalität: deutsch
Trainer: Ulrich Wegner
Erfolge als Amateur:

- Spartakiade-Vizemeister 1989
- DDR-Juniorenmeister 1989
- Deutscher Vizemeister Junioren 1992

Fazit als Amateur: 76 Kämpfe, davon 55 Siege

Erfolge als Profi:

- Debüt am 26. Februar 1994

Fazit als Profi: 26 Kämpfe, davon 25 Siege (5 K. o.), 1 Niederlage

Überwundene Angst: Mit Blessuren, Gürtel und Siegerkranz präsentiert sich Torsten May nach der gewonnenen Revanche gegen den US-Amerikaner Adolpho Washington am 5. Juni 1999 in Frankurt/Main.

Das ist Torsten May

Geburtsdatum:10. September 1969
Geburtsort: Glauchau
Familienstand: verheiratet
Größe: 1,93 Meter
Gewichtsklasse: Cruisergewicht
Trainer: Ulrich Wegner
Erfolge als Amateur:

- Deutscher Meister 1991
- Weltmeister 1991
- Olympiasieger 1992
- Chemiepokal-Sieger 1993

Erfolge als Profi:

- Debüt am 18. September 1993
- Deutscher Meister im Cruisergewicht 1994

Fazit als Profi: 21 Kämpfe, davon 19 Siege (11 K. o.), 2 Niederlagen

ALEXANDER PETKOVIC

– DER NEUE SCHMELING?

Wie wird man Profiboxer? So mancher talentierte Amateur stellt sich irgendwann diese Frage. Die Funktionäre des Amateurverbandes sind in dieser Hinsicht allerdings kaum auskunftsfreudig, wollen mit der verpönten, aber naheliegenden Art, den Sport auszuüben, nur wenig zu tun haben. Deshalb beschritt Alexander Petkovic im Alter von 17 Jahren einen Weg, der mehr als drehbuchreif ist: Vom angesparten Taschengeld kaufte sich der Münchner, der alle seine 33 Amateurkämpfe gewinnen

konnte und gar 32 Gegner vorzeitig besiegte, ein Zugticket nach Hamburg. Dort steht er an einem kühlen Nachmittag mit gepackter Sporttasche vor Cheftrainer Fritz Sdunek und fragt höflich, ob er mittrainieren dürfe. »Ich will Profi werden«, waren die sehr selbstbewußten Worte des Halbschwergewichtlers. Um die Geschichte abzukürzen: Er durfte mittrainieren und hinterließ auch in Sparringskämpfen gegen Weltmeister Juan-Carlos Gomez und den Schweizer WM-Anwärter Stefan Angehrn einen derart starken Eindruck, daß er bereits kurze Zeit später mit einem Vertrag zurück nach Bayern fuhr.

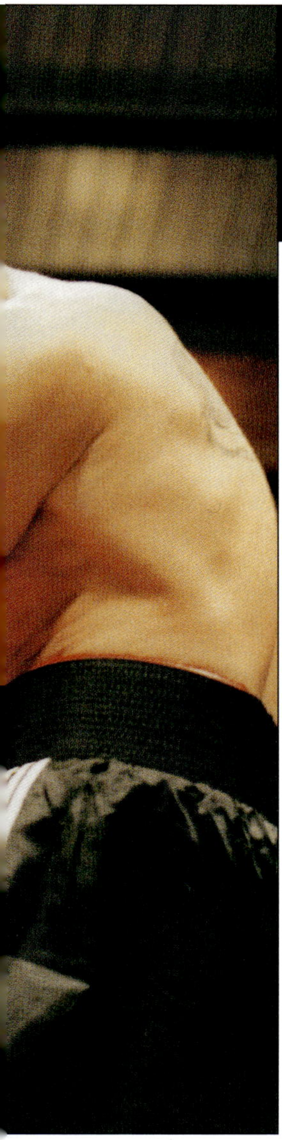

Böser Blick und linker Haken: Jungtalent Alexander Petkovic aus München. Wird er den ihm gespendeten Vorschußlorbeeren entsprechen können?

In einem seiner ersten Kämpfe – gegen den Ungarn Ignacio Orsoya – geriet Petkovic von Beginn an unter Druck. Der Ungar setzte eine ganze Reihe harter Treffer, und Petkovic wirkte angeschlagen, mitgenommen. Doch schon im zweiten Durchgang wendete er das Blatt, kam mit einer ganzen Reihe harter Treffer durch und schlug den nun überforderten Gegner k. o.

»Mein Vorbild ist Dariusz Michalczewski, ich will auch solch eine Karriere machen«, sagt Petkovic über seine eigenen hohen Erwartungen. »Alex hat enormes Potential«, ist sich auch der bei der Universum-Box-Promotion zuständige Trainer Michael Timm sicher. Einzig die Disziplin läßt bei dem Neuprofi von Zeit zu Zeit zu wünschen übrig. Mit der Pünktlichkeit hält es Petkovic nicht so genau, versäumt schon mal den einen oder anderen Pressetermin. »Es ist ein Wunder, wie der damals überhaupt den Zug bekommen hat«, lautet ein neuerdings kursierender Witz: Mit der zuletzt gezeigten Einstellung hätte er ihn wohl verpaßt.

Das ist Alexander Petkovic

Geburtsdatum: 31. Mai 1980
Geburtsort: München
Wohnort: München
Nationalität: deutsch
Spitzname: »Alex«
Größe: 1,88 Meter
Gewichtsklasse: Cruisergewicht
Trainer: Horst Philip, Michael Timm
Erfolge als Amateur:
- Bayerischer Meister 1995, 1997
- Süddeutscher Meister 1997
- Internationaler Deutscher Meister 1997

Fazit als Amateur: 33 Kämpfe, davon 33 Siege (32 vorzeitig)

Erfolge als Profi:
- Debüt am 13. Dezember 1997

Fazit als Profi: 12 Kämpfe, davon 10 Siege (5 K. o.), 2 Unentschieden

DIE HALBSCHWER-GEWICHTSKLASSE

Viele spätere Schwergewichtler begannen im Halbschwergewicht, das ebenfalls zu den acht klassischen Kategorien gehört. Ein Beispiel ist Max Schmeling, der als Halbschwergewichts-Kämpfer Europameister wurde und später zu Weltmeisterehren im Schwergewicht kam. Der einzige Boxer, der sowohl im Halbschwer- als auch im Schwergewicht Weltmeister werden konnte, ist der Amerikaner Michael Spinks. Vorher scheiterten Georges Carpentier (Frankreich), Billy Conn (USA), Joey Maxim (USA), Archie Moore (USA) und Bob Foster bei diesem Versuch.

Klassen-Profil

Gewichtsklasse
Bis 79,378 kg (= 175 lb)

Erster WM-Kampf
22. April 1903 in Detroit (USA);
Jack Root (USA) siegt nach Punkten in der 10. Runden über Kid McCoy (USA)

Aktuelle Weltmeister

Verband	Name	Siege	Unentschieden	Niederlagen
IBF	Roy Jones Jr. (USA)	40	0	1
WBA:	Roy Jones Jr. (USA)	40	0	1
WBC:	Roy Jones Jr. (USA)	40	0	1
WBO:	Dariusz Michalczewski (Hamburg)	41	–	–

Der **letzte Vereinigungstitelkampf aller Verbände**, die zeitgleich offiziell anerkannt waren, fand am 6. Juni 1985 zwischen Michael Spinks vs. Jim MacDonald statt.

Aktive Boxer mit deutscher Lizenz

- Firat Arslan
- Stipe Drvis
- Jürgen Hartenstein
- Achim John
- Uwe Lorch
- Milan Konecny
- Andreas Marks
- Dariusz Michalczewski
- Patrick Pipa
- Graciano Rocchigiani
- Ali Saidi
- Herbert Smith
- Matthias Stöber
- Thomas Ulrich

HENRY MASKE

– DAS LEBEN DANACH

Es ist ruhig geworden um den einstigen Box-Superstar Henry Maske. Als steter Vertreter leiser Töne ist er seinem Image des »Gentleman« treu geblieben, sei es als Analytiker der rar gewordenen Boxkämpfe bei seinem Haussender RTL oder als Gast in diversen Fernsehshows.

Sein letzter Kampf fand im November 1996 in der Münchener Olympiahalle statt. Maske fühlte sich als Sieger gegen Virgil Hill (USA), doch zwei der drei Punktrichter sahen das anders. Nur einer wertete für den Deutschen, die beiden anderen votierten für den amerikanischen WBA-Champion, der durch den Sieg über Maske noch den IBF-Gürtel hinzugewann. Maskes Rundumschlag gegen die Punktrichter und die Vermutung einer Verschwörung auf der anschließenden Pressekonferenz – »Nun haben uns die Amerikaner wieder da, wo sie uns haben wollen« – sollte man der tiefen Enttäuschung zurechnen: Er wollte zum Abschluß seiner beispiellosen Karriere ein dickes Ausrufezeichen setzen, heraus kam ein unbefriedigender Punkt.

Und trotzdem: Sein defensiver, technischer Kampfstil kam an beim Publikum. Hallen waren ausverkauft, ohne daß ein Gegner annonciert war, und er hatte ein TV-Publikum im zweistelligen Millionenbereich, wie es sonst nur beim Samstagabend-Klassiker »Wetten, daß...« der Fall ist. Maske hatte in allen Bereichen einen Status erreicht, der ansonsten eher einem Schauspieler oder Popstar zugedacht wird.

Es war eine beispiellose Karriere mit vielen Glanzlichtern, die Maske auf den Ringboden gelegt hat. Er erlernte das Boxen beim BSG Motor Ludwigsfelde unter Hans Hörnlein. Der dreifache DDR-Nachwuchsmeister wechselte dann zum ASK Vorwärts Frankfurt/Oder zu Trainer Manfred Wolke. Bereits im ersten Jahr als Senior gelang Maske der Durchbruch. Der Rechtsausleger gewann 1983 die DDR-Meisterschaft und schaffte die Qualifikation für die Europameisterschaften in Varna, bei der er eine Bronzemedaille gewinnen konnte. Die folgenden drei Europatitelkämpfe verließ Maske jeweils mit der Goldmedaille, wurde 1986 WM-Vize und 1989 Weltmeister im Halbschwergewicht. Bei den Spielen in Barcelona 1988 sicherte sich Maske mit einem Finalsieg gegen den Kanadier Egerton Marcus auch olympisches Gold.

»Time to say goodbye«: Es sollte ein glanzvoller Abschiedskampf werden, doch Virgil Hill (USA) bereitete Henry Maske (hinten) im November 1996 ein Waterloo.

Im März 1990 schloß Maske mit Wilfried Sauerland einen Profivertrag über fünf Jahre ab und wurde drei Jahre später Titelträger der IBF-Weltmeisterschaft im Halbschwerge-

Der Moment des Abschieds nach dem letzten Kampf: Manager Wilfried Sauerland, Boxer Henry Maske, Trainer Manfred Wolke (von links) und die bittere Erkenntnis, daß die Punktrichter den Gegner zum Sieger errechneten. Den bösen Worten folgte letztlich doch der Abgang eines »Gentleman«.

wicht. In der Düsseldorfer Phillipshalle entthronte »Gentleman« Maske den »Prince« Charles Williams durch einen Punktsieg. Es folgten zehn mehr oder weniger spektakuläre Titelverteidigungen mit stetig wachsenden TV-Quoten und stets ausverkauften Arenen. Zwei seiner WM-Kämpfe gewann Maske vorzeitig, zweimal machte er dabei selbst die unliebsame Bekanntschaft mit dem Ringboden.
»Maske ist vorzeigbar, daher kommen viele vorzeigbare Personen zu den Kämpfen. Durch das Image der Sauberkeit ist für viele eine Barriere gefallen«, urteilte Kabarettist und Box-Kommentator Werner Schneyder. Heute lebt Maske im Bergischen Land, in der Nähe von Köln. In seinem Leben nach dem aktiven Boxen managt Maske einige Sportler, unter anderen den Biathleten Ricco Groß.

Das ist Henry Maske

Geburtsdatum: 6. Januar 1964
Geburtsort: Treuenbrietzen
Wohnort: Much bei Köln
Familienstand: verheiratet
Spitzname: »Gentleman«
Größe: 1,90 Meter
Gewichtsklasse: Halbschwergewicht
Trainer: Manfred Wolke
Erfolge als Amateur:
- Europameister im Mittelgewicht 1985, 1987, 1989
- Vizeweltmeister im Mittelgewicht 1986
- Olympiasieger im Mittelgewicht 1988
- Weltmeister im Halbschwergewicht 1990

Fazit als Amateur: 181 Kämpfe, davon 163 Siege
Erfolge als Profi:
- Debüt am 9. Mai 1990
- IBF-Weltmeister im Halbschwergewicht 1993–1996 (10 erfolgreiche Titelverteidigungen)

Fazit als Profi: 31 Kämpfe, davon 30 Siege (11 K. o.), 1 Niederlage

DARIUSZ MICHALCZEWSKI

– DER WELTREKORD-»TIGER«

Neben seinem WM-Gürtel hält Dariusz Michalczewski seit dem 3. April 1999 auch einen Weltrekord. 16 erfolgreiche Titelverteidigungen sind eine starke Marke; der bisherige Weltrekordhalter Bob Foster kam in den Jahren 1968 bis 1974 auf 14. Doch der »Tiger« hat noch mehr Rekorde aufgestellt: Als einziger Deutscher wurde er Weltmeister in zwei Gewichtsklassen und hielt nach seinem Sieg über Virgil Hill drei WM-Gürtel gleichzeitig.

Einzig die nationale Anerkennung blieb ihm zeitweilig versagt. Die Gegenfigur Henry Maske oder Reizfigur Graciano Rocchigiani hatten beim Publikum meist einige Eisen mehr ihm Feuer. Dabei hat der in Danzig geborene Michalczewski einen attraktiven Kampfstil: Er marschiert nach vorne und teilt mächtige Prankenhiebe aus. Ab und zu ist er dabei allerdings selbst empfänglich für Treffer. So mußte er während einer Titelverteidigung gegen den Spanier Roberto Dominguez in der ersten Runde selbst zu Boden, ehe er den Widersacher in der zweiten Runde mit einem linken Haken – seinem Paradeschlag – k. o. schlug.

In Topform und voll konzentriert trat der Tiger im September 1994 zum siegreichen WM-Kampf gegen den Amerikaner Leeonzer Barber an. Die Führungshand gewann für Michalczewski den Profikampf Nummer 24: der »Tiger« am ersten Ziel eines langen Traumes.

Am 10. August 1996 wäre aus diesem allerdings beinahe ein Alptraum geworden. Am Hamburger Millerntor boxte Herausforderer Graciano Rocchigiani den Weltmeister aus und lag in Runde sieben nach Punkten bereits weit vorne, als ein Trennbefehl des Ringrichters das Unglück einleitete. Michalczewski ging nach dem *break*-Kommando einen Schritt zurück, Rocchigiani schob einen linken Haken hinterher – der »Tiger« taumelte ans Ringseil und ging zu Boden. Das Kampfgericht der WBO wertete den Kampf zunächst als »Technisches Unentschieden« und änderte das Urteil erst Wochen später in eine nachträgliche Disqualifikation Rocchigianis.

Der »Tiger« in Siegerpose: Halbschwergewichtler Dariusz Michalczewski war Weltmeister im Cruisergewicht und ist amtierender Titelträger im Halbschwergewicht. Kein Boxer verteidigte seinen Titel häufiger als der in Hamburg lebende Ausnahmeathlet.

Eine schlimme Zeit für Michalczewski, der später angab, durch eine Bombendrohung in Sorge um seine Familie und deshalb nicht

Auch mit geschlossenen Augen dem Gegner noch überlegen: Michalczewski trifft Drake Thadzi mit rechts, und schlägt den in den USA lebenden Afrikaner in Runde neun vorzeitig.

voll konzentriert gewesen zu sein.
Als 1980 Michalczewskis Vater starb, verdankte Michalczewski vor allem zwei Personen Hilfe in der Trauer: Seinem Onkel Jozef Baranowski und einem gleichaltrigen Mädchen aus der Nachbarschaft – Dorota, seiner heutigen Frau. Mit 19 heirateten die beiden und haben heute zwei Söhne, Michael und Nicolas.
Im »Tiger« brannte schon als Jugendlicher das Feuer, das ihn als Sportler heute auszeichnet: Michalczewski hatte zwar das Tischler- und Polstererhandwerk erlernt, erkannte aber im Boxsport seine eigentliche Bestimmung.
Michalczewski kam 1988 nach Deutschland, als er sich vor dem Intercup-Turnier von der polnischen Staffel absetzte. Seine Frau hatte übrigens die Idee mit der Flucht in den Westen gehabt und folgte ihrem Mann nur wenige Tage später.
Als Dritter bei den Junioren-Europameisterschaften von 1986 hatte der »Tiger« zum ersten Mal auf sich aufmerksam gemacht und wurde schon im folgenden Jahr polnischer Mittelgewichtsmeister. Nach der Flucht boxte Michalczewski erst in der Oberliga, später beim Bundesligisten Bayer Leverkusen. Sein größter Erfolg kam 1991, als er in Göteborg Europameister im Halbschwergewicht wurde. Sein damaliger Trainer hieß Fritz Sdunek, der wenige Jahre später als Profitrainer wiederum mit seinem einstigen Schützling zusammenarbeiten konnte: erst als Co-Trainer neben dem Amerikaner Chuck Talhami, später als alleiniger Coach. Und so hat Sdunek

einen großen Anteil daran, daß man die linke Faust von Michalczewski am Ende seiner Karriere problemlos in Gold aufwiegen könnte. Die rechte Hand stellt den Gegner in die richtige Position, die linke entscheidet oft den Fight.
So beispielsweise 1992 im Kampf um die Internationale Deutsche Meisterschaft im Halbschwergewicht gegen den in Stuttgart lebenden Ali Saidi (K. o. in der zehnten Runde). Oder gegen den Argentinier Nestor Giovannini: Der Bott-Bezwinger wurde ebenfalls in Runde zehn entscheidend geschlagen, der »Tiger« gewann zu seinem WM-Titel im Halbschwergewicht auch noch den des Cruisergewichts-Weltmeisters hinzu. Die Linke war auch der entscheidende Schlag im Kampf gegen Mark Prince (England). Und die Presse jubelte hinterher: »Das war der beste Kampf von Michalczewski.« Der verglich seine präzise Arbeit im Ring indes mit der Arbeit eines Chirurgen. »Ich habe ihn operiert«, so Michalczewski. Die Rechte als harter Tupfer, die Linke hinterher als Vollnarkose.
Der Champion, der als praktizierender Katholik 1995 sogar von Papst Johannes Paul II. zu einer Privataudienz empfangen wurde, lernt nach wie vor dazu. Zu Beginn seiner Regentschaft war der Hinweis: »Ich habe erst 60 Prozent meiner Möglichkeiten ausgeschöpft!« Standard. Die nötige boxerische Vervollkommnung schritt unter Chefcoach Fritz Sdunek zügig voran. Was die Ex-Trainer Eckhard Dagge und Chuck Talhami nicht vermochten, bekam »der eiserne Fritz« in den Griff. Der haushohe Punktsieg über den Maske-Bezwinger Virgil Hill um die Weltmeistertitel der IBF (International Boxing Federation) und der WBA (World Boxing Association) markierten einen weiteren Etappensieg Michalczewskis auf dem Weg in den Box-Olymp.
Nach der kurzrundigen Rekord-Titelverteidigung gegen den Ranglistenersten der WBO (World Boxing Organization), Muslim Biarslanov (Russland), würde der »Tiger« in seinen letzten zwei Profijahren am liebsten folgende Kämpfe bestreiten: das lang erwartete Rematch gegen den Beinahe-Bezwinger Rocchigiani und den Fight mit dem Gegenweltmeister des WBC (World Boxing Council), Roy Jones Jr. Die hohen Börsenforderungen des einen und die Möglichkeiten des anderen, gegen leichtere Gegner ebenfalls viel Geld zu verdienen, verhinderten ein Aufeinandertreffen ein ums andere Mal. Die Fans

Gut gebrüllt, Tiger! Sein ausgelassener Jubel nach dem Sieg gegen Virgil Hill war verdient. Angekündigt als »Rache für Henry Maske« nimmt Michalczewski dem Amerikaner am 13. Juni 1997 die WM-Gürtel der IBF und WBA ab und hält außerdem noch seinen WBO-Gürtel.

haben die Hoffnung auf ein Zustandekommen der Ringduelle trotzdem noch lange nicht aufgegeben.
Noch zwei, vielleicht drei Jahre will Michalczewski seiner Ringtätigkeit nachgehen. Für die Zeit danach hat er für seine Familie bereits vorgesorgt: In seiner Geburtsstadt eröffnete er eine Sportbar, in der man ihn nach der Vollendung seines boxerischen Traums wohl häufiger antreffen wird.

»Key fights« von Dariusz Michalczewski

- **10. September 1994, Hamburg: gegen Leeonzer Barber (USA), einstimmiger Punktsieg, 12 Runden**

Es war der erste WM-Kampf für den »Tiger« in der Alsterdorfer Sporthalle. WBO-Titelhalter Barber mußte die Dominanz von Michalczewski nach zwölf harten Runden anerkennen. (Der ehemalige Schützling von Trainerlegende Emanuel Steward versuchte vor kurzem ein Comeback im Cruisergewicht, verlor aber gegen den Weltranglistenmann Ramon Garbey aus Kuba vorzeitig.)
Ringrichter: Raul Caiz (USA)
Punktewertung: Horacio Bakemon (Dominikanische Republik) 117:109 (Michalczewski), Jose Luis Sousa (Spanien) 116:111 (Michalczewski), Conelio Stucchi (Italien) 116:111 (Michalczewski)

- **17. Dezember 1994, Hamburg: gegen Nestor Giovannini (Argentinien), K.-o.-Sieg, 10. Runde**

7000 Zuschauer in der Alsterdorfer Sporthalle feierten den vorzeitigen Sieg Michalczewskis über den zweifachen Markus-Bott-Bezwinger Giovannini. Der »Tiger« holte sich zusätzlich zu seinem WM-Gürtel im Halbschwergewicht auch noch den im Cruisergewicht und schrieb damit Geschichte: Einen Doppelweltmeister in zwei verschiedenen Gewichtsklassen hatte Deutschland bis dato noch nicht gehabt.
Der Sieg über den Argentinier macht die Alsterdorfer Sporthalle endgültig zum zweiten »Wohnzimmer« von Michalczewski.

- **13. Juni 1997, Oberhausen (Arena): gegen Virgil Hill (USA), einstimmiger Punktsieg**

Dies war Hills zweiter verlorener Kampf, nachdem er zuvor gegen Thomas Hearns unterlegen war. Michalczewskis 34. Sieg stand unter dem Motto »Die Rache des Tigers« und ging um Hills IBF- und WBA-Titel. Der WBO-Gürtel Michalczewskis stand nicht auf dem Spiel. In der fünften Runde erhielt Hill einen Punktabzug wegen wiederholten Tiefschlags.
Ringrichter: John Coyle (England)
Punktewertung: Rogelio Perez (Panama) 117:112 (Michalczewski), Samuel Conde (Puerto Rico) 116:113 (Michalczewski), Marcel Roloux (Belgien) 118:110 (Michalczewski)

Das ist Dariusz Michalczewski

Geburtsdatum: 5. Mai 1968
Geburtsort: Danzig
Wohnort: Hamburg
Familienstand: verheiratet, zwei Söhne
Spitzname: »Tiger«
Größe: 1,84 Meter
Gewichtsklasse: Halbschwergewicht
Trainer: Fritz Sdunek
Erfolge als Amateur:
- Polnischer Juniorenmeister 1985–1987
- Europameister im Halbschwergewicht 1991

Fazit als Amateur: 150 Kämpfe, davon 139 Siege

Erfolge als Profi:
- Debüt am 16. September 1991
- Internationaler Deutscher Meister im Halbschwergewicht 1993
- IBF-Intercontinental-Meister im Halbschwergewicht 1993
- WBO-Weltmeister im Cruisergewicht 1994
- WBA/IBF-Weltmeister im Halbschwergewicht 1997
- WBO-Weltmeister im Halbschwergewicht 1994

Fazit als Profi: 41 Kämpfe, davon 41 Siege (31 K. o.)

GRACIANO UND RALF ROCCHIGIANI

– VERGEBENE CHANCEN, GROSSE KÄMPFE

Der Name »Rocky« ist nicht erst seit dem dreiteiligen filmischen Boxer-Epos mit Sylvester Stallone in der Hauptrolle eine Art Adelstitel für ehrliche Ringarbeiter. Harte Fighter, gnadenlose Draufgänger, gefürchtete Puncher – der Name ist Markenzeichen der Machos mit italienischem Blut. In die Ahnengalerie der größten »Rockies« mit dem Leichtgewichts-Champ Rocco Tozzo, der Mittelgewichts-Legende Rocky Graziano und dem ungeschlagenen Schwergewichts-Weltmeister Rocky Marciano reihen sich auch die beiden Berliner Brüder Rocchigiani ein.

Vergebliche Anstrengung: Graciano Rocchigiani gewinnt zwar den Kampf gegen Michael Nunn (USA), doch der erhoffte Titeltraum zerplatzt an Bürokraten-Willkür. Nachträglich erkannten nämlich die Funktionäre der WBC den Kampf nicht mehr als Titelfight an.

Als Söhne des Eisenbiegers Zanubio aus Sardinien wurden sie 1963 in Rheinhausen geboren, wuchsen aber in Berlin auf. Beide sind mit großem Boxtalent ausgestattet und hatten mit denselben Problemen zu kämpfen: wenig Training, viele falsche Freunde, Probleme mit dem Gesetz und am Ende häufige Schlagzeilen abseits des Seilgevierts.

Als Elfjährige begannen die beiden »Rockies« mit dem Boxen. In derselben Straße in Berlin-Schöneberg, in der sie wohnten, trainierte auch der VSB Schöneberg. Die Rocchigianis lernten das Einmaleins des Faustkampfes. Graciano gewann 1978 bei den Deutschen Schülermeisterschaften im Federgewicht seinen ersten Titel, Ralf wurde ein Jahr später Deutscher Jugendmeister im Halbmittelgewicht.

Der neun Monate ältere Ralf erreichte 1980 die deutsche Juniorenmeisterschaft im Mittelgewicht, verteidigte diesen Titel ein Jahr später und holte sich 1982 eine Bronzemedaille bei der Junioren-EM im Halbschwergewicht sowie die Deutsche Vizemeisterschaft. Es folgten der Aufstieg in die Schwergewichtsklasse und nach Querelen mit dem Verband das Ende der Amateurlaufbahn nach 125 Kämpfen.

Graciano wurde 1982 Deutscher Meister im Halbmittelgewicht, bestritt drei Länderkämpfe und schied 1983 bei den Europameisterschaften im Viertelfinale aus. Nach 122 Kämpfen zog Graciano einen Schlußstrich und unterschrieb gemeinsam mit seinem Bruder einen Profivertrag bei Manager Wilfried Sauerland.

»Ralf fehlt der Killerinstinkt.« Dies war bis zum sensationellen Karrieresprung die einhellige Meinung über den entscheidenden Fehler des älteren Rocchigianis als Boxer. Sein Phlegma – die zurückhaltende Art im Ring – stand ein ums andere Mal zwischen Ralf und den möglichen Titeln. Das begann schon 1984. Der Kampf gegen Manfred Jassmann um die Deutsche Meisterschaft im Halbschwergewicht endete unentschieden, der Rückkampf wenige Monate später brachte dasselbe Ergebnis. Erst mit dem Aufstieg ins Cruisergewicht kam der ersehnte Titel: ein Zwei-Runden-Sieg über Josef Kossmann. Im Oktober 1986 verlor er dann gegen den Holländer Alex Blanchard im Kampf um die Europameisterschaft im Halbschwergewicht. Zwar konnte Ralf seinen nationalen Titel mit einem Unentschieden gegen Alex Zeh und einem Punktsieg über Manfred

Graciano Rocchigiani mit dem wertlosen Gürtel in der Farbe der Hoffnung. Es war ein langer Verhandlungs-Marathon notwendig, bis das Aufeinandertreffen zwischen den beiden Rivalen Roy Jones Jr. und Graciano zumindest auf dem Papier angesetzt werden konnte.

Jassmann erfolgreich verteidigen, doch im erneuten Anlauf um die Europakrone reichte es einmal mehr nur zu einem unbefriedigenden Unentschieden. Den Holländer Jan Lefeber hatte Ralf im Kampf zuvor nach Punkten besiegt, konnte diesen Erfolg aber im Titelkampf nicht wiederholen. Zusammen mit Trainer Wolfgang Wilke ging es vorerst weiter: Niederlagen gegen John Emmen, Markus Bott und John Held folgte die überraschende Chance, den WBO-Weltmeister Tyrone Booze herauszufordern. Aber im Oktober 1992, in der Berliner Deutschlandhalle, unterlag Ralf dem Amerikaner nach Punkten. Als er schließlich im Mai 1994 dem neuen deutschen Hoffnungsträger Torsten May im Kampf um die vakante Deutsche Cruisergewichtsmeisterschaft unterlegen war, schien das Kapitel »Ralf« im Buch der Rocchigiani-Erfolge endgültig erledigt.

Zwei Jahrzehnte erfolgreiche Profiboxpower im 2-er-Pack: Graciano und Ralf Rocchigiani aus Berlin.

Doch das Jahr 1995 brachte die völlig überraschende Wende. Erst eröffnete Ralf in Berlin die Pilskneipe »Rockys Inn«, und fünf Monate später war er Weltmeister. »Ich habe es halt mal mit Training versucht«, erklärte Ralf grinsend, nachdem er in Manchester (England) gegen den favorisierten Carl Thompson den WM-Gürtel der WBO in der Cruisergewichtsklasse gewonnen hatte. Ralf mußte in der fünften Runde zu Boden, schlug dann aber seinerseits den farbigen Engländer zweimal auf die Bretter, bis der in der elften Runde mit ausgekugelter Schulter nicht weiterboxen konnte. Die »neue Lust aufs Boxen«, hatte der neue Cheftrainer Fritz Sdunek geweckt.

Es folgten sechs Titelverteidigungen, ehe im Rematch der Engländer Thompson sich den Titel holte und Ralf erst einmal zurücktrat. Anfang 1999 stieg er jedoch wieder in den Ring und hofft nun auf mehr: »Wenn ein großer Titelkampf in Reichweite ist, bin ich nicht abgeneigt«, so Ralf, den man ja bekanntlich nicht zu früh abschreiben sollte.

Nach deutschen Titeln im Mittel- und Halbschwergewicht bot sich auch für Graciano im März 1988 die Chance auf den WM-Gürtel. In der Düsseldorfer Phillipshalle kam es zum Titelkampf gegen den Amerikaner Vincent Boulware. Der Titel nach Version der IBF war vakant, hatte aber schon nach acht Runden einen neuen Besitzer. Graciano besiegte, von Wolfgang Wilke betreut, in seinem 24. Kampf den Amerikaner und wurde nach Max Schmeling und Eckhard Dagge Deutschlands

Mit der TV-Kamera »live« dabei: »Ich habe es halt mal mit Training probiert.« Ralf Rocchigianis entscheidende Treffer gegen den Engländer Carl Thompson bringen ihm späte WM-Ehren.

dritter – auch international anerkannter – Weltmeister. Es folgten Titelverteidigungen gegen die US-Amerikaner Nicky Walker und Chris Reid sowie den Südafrikaner Thulane Malinga. Im September 1989 legte »Rocky« seinen Titel freiwillig nieder; er machte ständige Gewichtsprobleme für die Entscheidung verantwortlich. »Gracianos Leben ist aus den Fugen geraten«, verkündete sein überraschter Manager Sauerland daraufhin. »Rocky« kam wegen verschiedener Eskapaden ins Gerede, fühlte sich nach eigener Aussage »wie ausgekotzt«. Er kämpfte mit Drogenproblemen, wurde in einer Diskothek in eine Schlägerei verwickelt und mußte daraufhin 20.000 DM Geldstrafe zahlen. Später wurde er wegen Zuhälterei und Menschenhandels erst verurteilt, in der Revision aber freigesprochen. Ab 1991, als seine Frau Christine die Fäden in die Hand nahm, wurde es ruhiger um den Berliner. Sie brachte sein Privatleben in Ordnung und bereitete den Weg zu neuerlichen Erfolgen. »Ohne sie hätte ich den Anschluß nicht mehr geschafft«, erkannte auch Graciano.

Nach nur drei Kämpfen in zwei Jahren folgten schnell wieder Titelfights. Als er den Engländer Crawford Ashley nach Punkten besiegte, wurde Graciano Europameister. In der Titelverteidigung gegen Alex Blanchard ging er an seine Grenzen und riß mit ungeheurem Einsatz das Ruder noch herum. Mit zwei beinahe zugeschwollenen Augen zeigte der Berliner sein einmaliges Kämpferherz und kämpfte den Holländer in neun Runden nieder.

Durch seinen neuen Manager Klaus-Peter Kohl bekam Rocchigiani neue WM-Chancen. Er velor gegen Chris Eubank im Kampf um die WBO-Krone im Supermittelgewicht nach Punkten – eine sehr umstrittene Entscheidung – und erreichte gegen den Franzosen Frederic Seillier nur ein Unentschieden im EM-Kampf. Es folgten die Fights gegen IBF-Weltmeister Henry Maske, in denen sich Rocchigiani zumindest in die Herzen der deutschen Boxfans zurückkämpfen konnte. Im ersten Duell mit Maske hatte er den Champion gar auf dem Boden, schien einem Sieg greifbar nahe, wurde aber doch von den Punktrichtern als Verlierer errechnet. Im Rückkampf fünf Monate später war Maske dann klar überlegen und konnte einen ungefährdeten Punktsieg verbuchen.

Mit Emanuel Stewart in seiner Ecke trat Graciano Rocchigiani dann zum Titelkampf gegen Dariusz Michalczewski an, den WBO-Weltmeister. »Rocky« zeigte sich von seiner besten Seite, boxte taktisch klug und führte zur siebten Runde bereits nach Punkten, als das Unheil seinen Lauf nahm. In ein *break*-Kommando des Ringrichters hinein landete Rocchigiani noch einen Schlag, nach dem Michalczewski zu Boden ging und nicht weiterboxen konnte. Die Verantwortlichen der WBO erklärten den Kampf zunächst zu einem »technischen Unentschieden«, änderten aber später das Urteil zu einer nachträglichen Disqualifikation des Herausforderers ab.
Dies war allerdings nicht das letzte Mal, daß Rocchigiani sich ungerecht behandelt fühlen durfte. Ein als »Weltmeisterschaft« angekündigter Kampf gegen den Amerikaner Michael Nunn wurde zwar diesmal gewonnen, doch der WBC behauptete später, es sei nur um den »Interims«-Titel gegangen, da der »echte« Weltmeister immer noch Roy Jones Jr. (USA) sei. Nach langem Ringen um Gerechtigkeit soll der Kampf zwischen den beiden WBC-Titelträgern im Halbschwergewicht Anfang des neuen Jahrtausends in Biloxi im US-Bundesstaat Mississippi über die Bühne gehen. Jones Manager Levin und Promoter Murad Muhammad ersteigerten die Rechte an dem Duell. Wird es endlich Gerechtigkeit für den jüngeren »Rocky« geben?

Das ist Ralf Rocchigiani

Geburtsdatum: 13. Februar 1963
Geburtsort: Rheinhausen
Wohnort: Berlin
Spitzname: »Rocky«
Größe: 1,83 Meter
Gewichtsklasse: Cruisergewicht
Trainer: Fritz Sdunek
Erfolge als Amateur:
- Deutscher Jugendmeister im Halbmittelgewicht 1979
- Deutscher Juniorenmeister im Mittelgewicht 1980
- Dritter bei der Junioren-EM im Halbschwergewicht 1982
- Deutscher Vizemeister im Halbschwergewicht 1982

Fazit als Amateur: 125 Kämpfe, davon 108 Siege

Erfolge als Profi:
- Debüt am 5. November 1983
- Deutscher Meister 1985, 1989
- WBO-Weltmeister 1995

Fazit als Profi: 58 Kämpfe, davon 42 Siege (17 K. o.), 9 Niederlagen, 7 Unentschieden

Das ist Graciano Rocchigiani

Geburtsdatum: 29. Dezember 1963
Geburtsort: Rheinhausen
Wohnort: Berlin
Spitzname: »Rocky«
Größe: 1,85 Meter
Gewichtsklasse: Halbschwergewicht
Trainer: Emanuel Steward (USA)
Erfolge als Amateur:
- Deutscher Schülermeister im Federgewicht 1978
- Deutscher Meister im Halbmittelgewicht 1982

Fazit als Amateur: 122 Kämpfe

Erfolge als Profi:
- Debüt am 10. September 1983
- Deutscher Meister im Mittelgewicht 1985
- Deutscher Meister im Halbschwergewicht 1986
- IBF-Weltmeister im Supermittelgewicht 1988
- Europameister im Halbschwergewicht 1991
- WBC-Weltmeister im Halbschwergewicht (»Interimstitel«) 1998

Fazit als Profi: 45 Kämpfe, davon 40 Siege (19 K. o.), 4 Niederlagen, 1 Unentschieden

ALI SAIDI

– ZWEIFELHAFTE TITELEHREN

Für den Auftritt des einen wurden gerade die letzten Vorbereitungen getroffen, da stand der andere »Weltmeister« leicht lädiert in der Sammelumkleidekabine der Dortmunder Westfalenhalle. Ali Saidi, der 1994 den Titel des obskuren »Weltverbandes« WBF (World Boxing Federation) gewann und seitdem nie verteidigte, boxte zum zweiten Mal im Rahmenprogramm von Henry Maske. In bis dahin 19 Kämpfen verließ er nur elfmal als Sieger den Ring, und auch im Februar 1996 reichte es nicht zum Sieg. Das Kampfgericht erklärte seinen Fight mit dem Maske-Sparringspartner Gilberto Brown (Jungferninseln) für unentschieden. »Obwohl ich mal wieder gewonnen habe«, behauptet »Dynamit-Ali«. »Immer wenn ich gewinne, aber nicht hätte gewinnen dürfen, gibt es höchstens ein Unentschieden«, schüttelt der gebürtige Tunesier und in Stuttgart lebende Boxer den Kopf. Gegen die Supermittelgewichts-Hoffnung Nelson Alves, der schon als WM-Gegner für Chris Eubank gehandelt wurde, gab es zweimal ein solches Ergebnis. In Belgien gegen einen Lokalmatador ebenfalls. Saidi kommt, um zu kämpfen, hat aber keine Lobby. »Andere reden immer von Meisterbonus oder Heimvorteil – den hatte ich nie.« Wo bei anderen dürftige 80 Prozent Leistung zum Sieg reichen, bekommt Ali bei 120 Prozent gerademal ein Unentschieden. Der Feierabend-Boxer, der vom Faustkampf allein nicht leben könnte, würde es gerne allen beweisen. »Ich rauche nicht, trinke keinen Alkohol, gehe nicht in Diskotheken oder so und bin stolzer Familienvater«, nimmt Ali den Vergleich mit »Gentleman Henry« in Sachen solider Lebenswandel durchaus auf. Der Blitz-K.-o.-Sieg über Wieland Beust, bei dem sich Saidi den Meistergürtel sicherte, war ein Schritt in die richtige Richtung, doch es kam nicht zu weiteren

»Dynamit«-Ali: Ein Boxer, der die fehlende Anerkennung bei den Fans mit einem großem Kämpferherz wettzumachen versucht.

Gehversuchen. »Ich werde noch für eine Überraschung sorgen«, glaubt Saidi nach wie vor.

Die Hoffnung wurde bislang allerdings nicht Realität. Er boxte gegen den heutigen Weltmeister Sven Ottke um den Internationalen Deutschen Meistertitel und verlor nach Punkten – diesmal zu Recht. Die letzte größere Chance kam in Form eines nationalen Titelkampfes mit dem Aufsteiger Thomas Ulrich. Der Berliner besiegte Saidi in der achten Runde vorzeitig. Das einseitige Gefecht wurde vom Ringrichter Arno Pokrandt abgebrochen. War das der endgültige Karriereknick?

Das ist Ali Saidi

Geburtsdatum: 11. Oktober 1962
Geburtsort: Condar, Tunesien
Wohnort: Stuttgart
Familienstand: verheiratet, zwei Töchter
Spitzname: »Dynamit-Ali«
Größe: 1,83 Meter
Gewichtsklasse: Halbschwergewicht
Trainer: Enno Werle
Erfolge als Amateur:
- Tunesischer Meister

Erfolge als Profi:
- Afrika-Meister
- Deutscher Meister im Halbschwergewicht
- WBF-Weltmeister im Halbschwergewicht 1994

Fazit als Profi: 26 Kämpfe, davon 15 Siege (8 K. o.), 7 Niederlagen, 4 Unentschieden

THOMAS ULRICH

– DER SENSIBLE »BERLINER BÄR«

Könnte man Vorschußlorbeeren in Bargeld umwandeln – Thomas Ulrich könnte die Boxhandschuhe an den vielzitierten Nagel hängen und von den Zinsen leben. Direkt nach seinem ersten Profikampf gegen den Amerikaner Guy Stanford titelte die größte deutsche Tageszeitung: »Das wird der Nachfolger von Henry Maske.« Noch ist diese Aussage von Anfang 1997 nicht vollständig nachzuvollziehen: Ulrich hat erst 15 Kämpfe als Profi bestritten, besiegte dabei zwölf seiner Gegner vorzeitig. Aber diese Bürde muß er seitdem tragen, und manchmal wird man das Gefühl nicht los, daß es ihm so gar nicht recht ist. »Ich boxe einen völlig anderen Stil. Henry war defensiv, ich boxe offensiv«, so Ulrich, der sich im August 1998 den ersten Titel sicherte. Da allerdings wandelte er eher auf den Spuren von Dariusz Michalczewski – er wurde nämlich Internationaler Deutscher Meister im Halbschwergewicht. Diesen Titel hatte der »Tiger« inne, ehe er nach WM-Ehren griff. Nun ist der Meistergürtel zurück im Lager der Hamburger Universum-Box-Promotion, beim »Berliner Bär« Thomas Ulrich.
In der bislang einzigen Titelverteidigung besiegte dieser den Stuttgarter Ali Saidi ein-

»Sunnyboy« mit hartem Punch: Thomas Ulrich gilt als Talent mit der nötigen Ausstrahlung und allen boxerischen Möglichkeiten.

drucksvoll durch technischen K. o. in der achten Runde und gewann gleichzeitig auch noch den deutschen Meistertitel hinzu.
Bevor er beim Boxen auf den Geschmack kam, versuchte sich Ulrich als Leichtathlet. Erst 1989, als 14jähriger, zog Ulrich zum ersten Mal die Handschuhe über und wurde gleich im darauffolgenden Jahr Berliner Meister. Das war der Startschuß für eine medaillenreiche Karriere: Er wurde Junioren-Vizeweltmeister, Militär-Vizeweltmeister (1995), dritter bei der Weltmeisterschaft 1995 in Berlin und gewann wiederum eine Bronzemedaille bei den Olympischen Spielen in Atlanta 1996.
Beim Chemiepokal-Turnier in Halle schlug er 1995 den Kubaner Juan-Carlos Gomez. Ulrich: »Der hätte mir vorher beinahe die Nase gebrochen.« Und dennoch hatte Gomez letztlich schnelleren internationalen Titelerfolg: Der Kubaner ist mittlerweile Profi-Weltmeister, Ulrich hingegen wartet geduldig auf seinen ersten internationalen Titelkampf, nachdem er im Dezember 1996 seinen Profivertrag unterschrieben hat. Bei dieser Gelegenheit verkündete Promoter Klaus-Peter Kohl auch vollmundig die Qualitäten seines neuen Boxers: »Ulrich war ein Wunschkandidat und wird bei uns zum wahren Maske-Nachfolger wachsen. Er wird in Berlin die Hallen füllen.« Das sieht auch Trainer Dietmar Schnieber so, der, nach Ulrichs Qualitäten gefragt, zu allererst das »einzigartige Bewegungsgefühl« nennt, gefolgt vom »großen Schlagrepertoire«.
Alles in allem also viele – berechtigte – Vorschußlorbeeren für den sensiblen Ulrich. Doch soviel steht fest: Sein Werkzeugkasten ist prall gefüllt mit dem Rüstzeug, das man auf dem Weg zur Weltspitze braucht – derzeit greift er leider nur viel zu selten hinein.

Das ist Thomas Ulrich

Geburtsdatum: 11. Juli 1975
Geburtsort: Berlin
Spitzname: »Berliner Bär«
Größe: 1,85 Meter
Gewichtsklasse: Halbschwergewicht
Trainer: Dietmar Schnieber
Erfolge als Amateur:
- Junioren-Vizeweltmeister 1992
- Militär-Vizeweltmeister 1995
- Bronze bei WM 1995
- Bronze bei Olympia 1996

Fazit als Amateur: 100 Kämpfe, davon 93 Siege

Erfolge als Profi:
- Debüt am 11. Januar 1997
- Internationaler Deutscher Meister im Halbschwergewicht 1998
- Deutscher Meister 1999

Fazit als Profi: 15 Kämpfe, davon 15 Siege (12 K. o.)

DIE SUPERMITTEL-GEWICHTSKLASSE

Die IBF war der erste Verband, der die große Lücke zwischen dem Mittel- und Halbschwergewicht mit einer neuen Klasse füllte. Die WBA zog 1987 nach, und auch der WBC kürte in Sugar Ray Leonard (USA) 1988 den ersten Supermittelgewichts-Titelträger, nachdem sich bei der WBO Thomas Hearns (USA) drei Tage vorher den Gürtel sichern konnte. Aus deutscher Sicht ist das Limit bis 76,2 kg nicht erst seit dem Titelgewinn und den drei erfolgreichen Verteidigungen von Graciano Rocchigiani interessant.

Klassen-Profil

Gewichtsklasse
Bis 76,203 kg (= 168 lb)

Erster WM-Kampf:
28. März 1984 in Atlantic City (USA); Murray Sutherland (Schottland) siegt nach Punkten über Ernie Singletary (USA) im IBF-Kampf nach 15 Runden

Aktuelle Weltmeister

Verband	Name	Siege	Unentschieden	Niederlagen
IBF	Sven Ottke (Karlsruhe)	16	–	–
WBA	Byron Mitchell (USA)	20	–	–
WBC	Markus Beyer (Gera)	17	–	–
WBO	Joe Calzaghe (Wales)	27	–	–

Im Supermittelgewicht ist bisher noch **kein Vereinigungstitelkampf mehrerer/aller Verbände**, die zeitgleich offiziell anerkannt waren, ausgetragen worden.

Aktive Boxer mit deutscher Lizenz

- Markus Beyer
- Ibrahim Alpaslan
- Alexander Boy
- Christian Faatz
- Daniel Friedmann
- Riccardo Graßmann
- Danilo Häußler
- Isidore Janvier
- Peter Kluge
- Mario Lupp
- Norbert Nieroba
- Ahmed Öner
- Sven Ottke
- Dieter Schillinger
- Branco Sobot
- Veit Stachewitz
- Mario Veit

MARKUS BEYER

– DER »BOOM-BOOM-BEYER«

Nach Maskes Ab- und Mays Fehltritt soll nun Markus Beyer aus Gera als neuer Hauptkämpfer dem Kölner Fernsehsender RTL die Kastanien aus dem Ringfeuer holen. Die Operation »Maske-Nachfolge« ist für den Mittelgewichtler noch im vollen Gange, denn im vergangenen Jahr haben ihn Verletzungspech und eine Erkrankung am tückischen »Pfeifferschen Drüsenfieber« zurückgeworfen. Als mittelfristiges Ziel gilt der Kampf um die Europameisterschaft, danach der Fight um den WM-Gürtel. Den deutschen Meistertitel im Supermittelgewicht der Profis sicherte sich der in der Rechtsauslage boxende Beyer ohne Schwierigkeiten durch einen K.-o.-Sieg in der siebten Runde über Alexander Boy. Dies war zwar ein erster Achtungserfolg, aber schließlich doch noch zuwenig, um bereits Rückschlüsse auf mögliche internationale Titelehren zuzulassen. Seit Juni 1999 ist Beyer auch IBF-Intercontinentalmeister und hat sich damit das Herausforderungsrecht für die Weltmeisterschaft erkämpft.

Den Gürtel im Freudenrausch falsch herum angelegt: Markus Beyer, IBF-Intercontinental-Champion im Supermittelgewicht, will, daß auch die Box-Welt wegen seiner Leistungen Kopf steht.

Dennoch: Beyer ging als Amateur durch das Stahlbad der harten Wettkämpfe in einer stark besetzten Klasse. Immer wieder mußte er Gewicht »abkochen«, um das Limit der Halbmittelgewichtsklasse (bis 71,0 Kg) nicht zu überschreiten. Im Alter von 14 Jahren wurde er Sieger der »Spartakiade«, dann DDR-Meister im Federgewicht und 1988 auch Junioren-Europameister. Damals schlug er Zoltan Lunka nach Punkten und legte seitdem mehr als 20 Kilo an Gewicht zu.

Der endgültige Durchbruch gelang 1994 mit dem Wechsel von Gera zum Bundesligisten Boxring Berlin und zu Bundestrainer Ulli Wegner. Um die besseren Trainingsmöglichkeiten ausnutzen zu können, verpflichtete sich Beyer bei der Bundeswehr und verrichtete seinen Dienst in der Sportförderkompanie Potsdam.

Mit Erfolg: Bei den Weltmeisterschaften reichte es zur Bronzemedaille im Halbmittelgewicht; Beyer schlug den Holländer Orhan Delibas – heute ein Trainingspartner im Kölner Gym der Sauerland-Promotion. Der hoch eingestufte Rumäne Francisc Vastag, ein dreimaliger Weltmeister, wurde bei den Olympischen Spielen 1996 in Atlanta überwunden. »17:12« lautete die Trefferpunktwertung zugunsten Beyers, der damit einen grandiosen Erfolg landete. »Der wichtigste Sieg meiner Karriere«, befand Beyer nachher, verlor dann aber im Viertelfinale und verspiel-

»Boom-Boom«-Beyer in Aktion: Der Rechtsausleger gewann 178 Amateurkämpfe und wurde auch bei den Profis bereits Weltmeister.

te somit die Chance auf die Goldmedaille. Der Wechsel zu den Profis kam für den gelernten Kraftfahrzeugmechaniker genau zur richtigen Zeit: »Den Streß bei den Amateuren habe ich lange genug mitgemacht. Es wird höchste Zeit, mal was anderes auszuprobieren.« Zumal vieles beim alten blieb: Der Trainer heißt nach wie vor Ulli Wegner – ein Garant für die erfolgreiche Umsetzung des vorhandenen Potentials des Boxers, der neuerdings im Ring als »Boom-Boom-Beyer« vorgestellt wird.
Ende Oktober 1999 konnte Berger nach drei Niederschlägen dem Engländer Richie Woodhall den WBC-Gürtel im Supermittelgewicht entreißen. Trotz verletzter Fäuste bot Beyer einen eindrucksvollen Kampf und geht nun als Champion mit großer Perspektive ins neue Jahrtausend. Einen Kampf mit seinem Stallgefährten und Gegenweltmeister Sven Ottke will Trainer Wegner verhindern: »Die beiden sind wie Brüder, sollen getrennt Kasse machen.«

Das ist Markus Beyer

Geburtsdatum: 28. April 1971
Geburtsort:: Gera
Spitzname: »Boom-Boom-Beyer«
Größe: 1,76 Meter
Gewichtsklasse: Supermittelgewicht
Trainer: Ulli Wegner
Erfolge als Amateur:
- Junioren-Europameister 1988
- Deutscher Meister 1993, 1995
- WM-Dritter 1995
- EM-Zweiter 1996

Fazit als Amateur: 210 Kämpfe, davon 175 Siege, 31 Niederlagen

Erfolge als Profi:
- Deutscher Meister im Supermittelgewicht 1998
- IBF-Intercontinentalmeister 1999
- WBC-Weltmeister 1999

Fazit als Profi: 17 Kämpfe, davon 17 Siege (7 K. o.)

ANDY LIEBING

– DER BEZWINGER VON ROY JONES JR.

Er kann sich einer besonderen Ringtat rühmen: Andy Liebing schlug bei der Junioren-Weltmeisterschaft 1987 auf Kuba einen gewissen Roy Jones Jr. nach Punkten. Am Ende reichte es zu einem dritten Platz für den Boxer des TSC Berlin. Als ihm sein Trainer Erwin Sahm viele Jahre später mitteilte, wen er da eigentlich besiegt hatte, dämmerte es Liebing, und die Erinnerung kam zurück. »Roy wollte schon damals seine Spielchen machen, boxte sehr provozierend«, erinnert sich Liebing ein gutes Jahrzehnt später. Bis zum Hinweis seines Trainers hat er über seinen prominenten Gegner von damals wenig gewußt, sich danach aber mehr und mehr über die Entwicklung des damaligen Halbmittelgewichtlers informiert: Jones wurde nach einer skandalösen Punktrichterentscheidung bei der Olympiade in Seoul 1988 nur Silbermedaillengewinner; bald darauf wechselte er zu den Profis. Es folgten Weltmeistertitel im Mittelgewicht, Supermittelgewicht und Halbschwergewicht. Der virtuose Boxer, der mit Tanz- und anderen Showeinlagen seine Extraklasse unter Beweis stellt, gilt spätestens seit seinen Siegen über James Toney und Mike McCallum zu den besten Boxern *pound for pound*.

Roy Jones Jr. ärgert sich noch heute über die Niederlage gegen den Berliner Andy Liebing. Doch bei den beiden Profis zeigen die Leistungskurven deutlich in unterschiedliche Richtungen. Liebing (l.) trainiert mittlerweile mit Erwin Sahm auf mögliche Titelehren hin.

Indirekt mag auch Liebing Anteil an dieser grandiosen Erfolgsserie von Jones Jr. haben. Der Ausnahmeathlet aus Pensacola in Florida erklärte einmal in einem Zeitungsinterview, die Handvoll Niederlagen bei den Amateuren machten ihn unglaublich wild und besessen darauf, niemals wieder zu verlieren. Hätte Liebing gewußt, welchen Kometen er da im frühen Flugstadium gebremst hatte, wäre wohl auch seine eigene Karriere anders verlaufen. Der Schornsteinfeger legte eine lange sportliche Pause ein, ehe er mit Mitte Zwanzig eine Profikarriere einschlug. Sieben Kämpfe stehen seitdem zu Buche – aber die Zeit für den Weg an die Spitze ist knapp.

28 Jahre alt und ohne finanzstarken Promoter im Rücken trauert er der verlorenen Zeit dennoch nicht nach. »Es war nicht unbedingt ein Fehler, eher eine verpaßte Chance«, glaubt Liebing. Und fügt an: »Meine drei Kinder sind ja auch eine starke Errungenschaft.« Zwei Söhne, Max und Paul, sowie die Tochter Jule fordern den Papa neben Beruf und Training.

Für seine Ringauftritte hat Liebing sich ein klares Konzept zurechtgelegt. »Es ist wichtig, ein guter Techniker zu sein. Meine Schläge sollen lieber mit hohem Impuls kommen, als harte Heumacher zu sein. Schnell, präzise, technisch sauber und das alles aus einer geschlossenen Deckung heraus«, so würde Liebing seine Art zu Boxen am liebsten beschrieben sehen.

Mittlerweile ein Superstar: Der amerikanische Dreifach-Weltmeister Roy Jones Jr., wird weltweit gefeiert, hier auf dem Cover der Box-»Bibel« »The Ring«.

Das ist Andy Liebing

Geburtsdatum: 24. Dezember 1969
Geburtsort: Berlin
Wohnort: Berlin
Familienstand: verheiratet, drei Kinder
Erlernter Beruf: Schornsteinfeger
Gewichtsklasse: Supermittelgewicht
Trainer: Erwin Sahm
Erfolge als Amateur:

- Bronze bei Junioren-WM 1987
- Bronze bei DDR-Meisterschaft 1988
- Silber bei Olympiade in Seoul 1988

Fazit als Profi: 7 Kämpfe, davon 3 Siege (alle K. o.), 4 Niederlagen

NORBERT NIEROBA

– DER UNBEKANNTE EXWELTMEISTER

Die Situation war unbefriedigend, vielleicht sogar unfair. Gerade Norbert Nieroba mochte das so empfinden. Für ihn wurde die gebuchte Warteschleife zum Abstellgleis. Von Zeit zu Zeit riefen Reporter von Tageszeitungen an, die über die eigenartige Situation berichten wollten. »Der unbekannte Weltmeister« hießen die Geschichten dann, über die sich die Leser bundesweit schmunzelnd amüsierten, und Nieroba machte gute Miene zum bösen Spiel. Der WM-Gürtel lag im Schrank und wurde vom vermeintlichen Glücksbringer zum Staubfänger. Das braunrote Leder mit dem Goldbesatz sollte der Anfang einer – zwar spät begonnenen, aber dennoch lukrativen – Zukunft werden: Jetzt blieb nur noch Frustration.

Im April 1998 war die Welt noch weitestgehend in Ordnung. Nieroba holte durch einen knappen, aber verdienten Punktsieg über den Südafrikaner Soon Botes in der Mercatorhalle in Duisburg die vakante Krone des – nach wie vor unbedeutenden – Weltverbandes WBU (Word Boxing Union). Schon vorher hatte Nieroba einmal um diesen Titel der Halbschwergewichtsklasse geboxt, allerdings nach Punkten wiederum knapp und verdient gegen den amerikanischen Routinier Frank Tate verloren. Für den hauptberuflich als Gas- und Wasserinstallateur arbeitenden Nieroba war dies die erste Niederlage im Lager der Profis gewesen.

»Es ist ein tolles Gefühl, ich will den Titel sooft wie möglich verteidigen«, meinte der Rechtsausleger, der bei den Stadtwerken in seiner Heimatstadt Ahlen (Westfalen) beschäftigt ist und für die gezielte Vorbereitung auf den Fight sechs Wochen bezahlten Urlaub genommen hatte. Für den Titelkampf erhielt Nieroba eine Bruttobörse von rund 75.000 Mark. »Leben kann ich vom Profigeschäft nicht«, erklärte Nieroba, der von seinem Arbeitgeber für große Kämpfe freigestellt wird. Nach der anstrengenden Tätigkeit im Hauptberuf beginnt der Trainingstag erst am späten Abend. Dann trainiert er drei oder vier Stunden lang gemeinsam mit Trainer Günter Radowski. Es bleibt wenig Zeit für Ehefrau Anja und die Töchter Lisa-Christin und Laura-Alice. Aber immer noch Zeit genug, um sich ordentlich über die Situation zu ärgern. Zumal Nieroba seinen Titel nach der ersten versuchten Verteidigung wieder abgeben mußte, nachdem er nach Punkten dem Holländer »Fighting« Nordin Ben Salah unterlegen war. Dem wurde bei der Dopingprobe die Einnahme verbotener Substanzen nachgewiesen und der Titel einige Wochen später wieder aberkannt. Nach dem Frust herrscht jetzt zumindest Hoffnung vor: auf Revanche.

Große Leistung, unbedeutender Titel: Norbert Nieroba (r.) leidet unter der Schwemme der Weltverbände und fehlenden Herausforderern.

Das ist Norbert Nieroba

Geburtsdatum: 29. April 1964
Wohnort: Ahlen/Westfalen
Familienstand: verheiratet, zwei Töchter
Erlernter Beruf: Gas- und Wasserinstallateur
Gewichtsklasse: Supermittelgewicht
Trainer: Günther Radowski
Manager: Rainer Kaderka

Erfolge als Amateur:
- fünffacher Deutscher Meister 1985–1988, 1992
- dreimaliger Vizemeister
- 24facher Nationalstaffelboxer
- Olympiateilnehmer 1988

Fazit als Amateur: 260 Kämpfe, davon 210 Siege

Erfolge als Profi:
- Debüt am 9. September 1995
- Deutscher Meister im Supermittelgewicht 1996
- WBU-Weltmeister im Supermittelgewicht 1998

Fazit als Profi: 16 Kämpfe, davon 14 Siege (7 K. o.), 2 Niederlagen

SVEN OTTKE

– DER MANN IN MASKES SCHATTEN

Es war ein Sieg wie ein Paukenschlag. Kaum jemand hatte auf Sven Ottke gesetzt, als die überraschende WM-Chance gegen den Amerikaner Charles Brewer am 24. Oktober in der Düsseldorfer Philipshalle annonciert wurde. »Null« war die am häufigsten geäußerte Bewertung über die Möglichkeiten eines Siegs des früheren Vorzeigeamateurs. Doch er strafte alle Kritiker Lügen, boxte einen taktisch klugen Kampf, marschierte, vermied Kontertref-

Freudestrahlend präsentiert Sven Ottke seinen WM-Gürtel der IBF-Version. Der Überraschungs-Weltmeister enthronte im Oktober 1998 Charles Brewer (USA) und sorgte damit auch in den USA für Aufsehen.

fer und setzte seine Treffer präzise. In der achten Runde wirkte er angeschlagen, gab später auch zu, daß »Charles wohl gar nicht so richtig realisiert hat, wie schwer er mich getroffen hatte«. Brewer konnte in dieser Situation nicht mehr entscheidend nachsetzen, und Marathon-Mann Ottke überstand die Distanz, indem er den US-Amerikaner aus Philadelphia ein ums andere Mal ins Leere laufen ließ. Unterm Strich errechneten die Punktrichter ein 2:1-Urteil zugunsten des Wahl-

Februar 1999 in Berlin: Der Italiener Giovanni Nardiello erweist sich als nicht WM-würdig und wird in der dritten Runde schwer k. o. geschlagen. Es war Ottkes erste Titelverteidigung.

karlsruhers, der in Berlin geboren wurde und in Köln bei Ulli Wegner trainiert. George Hill (USA) sah Brewer mit 117:111 vorne, Luca Montella (Italien) wertete 115:113 für Ottke, und auch Manfred Küchler aus Hannover votierte mit 116:112 für den neuen Champion. Sven Ottke, der Sunnyboy, hatte nach zwölf harten Runden endlich das Ziel erreicht, das lange Zeit gar keines für ihn gewesen war: Er wollte nie Profi werden, denn »Profiboxen ist Zirkus, ich will das nicht – ich bin eben überzeugter Amateur«. Nach den hervorragenden Erfolgen im Amateurbereich, wo ihm allerdings der Sieg bei den ganz großen Turnieren versagt blieb, unterschrieb Ottke letztlich im Februar 1997 nach dreimonatiger Bedenkzeit bei Wilfried Sauerland einen Profivertrag.

Auch Konkurrent Klaus-Peter Kohl hatte ein Angebot abgegeben. Ottke entschied sich jedoch für den Kölner Boxstall. Das Vertrauen zahlte sich schließlich aus. Die, die an ihn geglaubt hatten, durften sich nun besonders freuen. Namentlich die Promoter Wilfried Sauerland und Jean-Marcel Nartz sowie Trainer Ulli Wegner und natürlich die Ehefrau Gaby Reha. Das Paar hat seit Juni 1993 eine Tochter, Rebecca, und ebensolange ist der Weltmeister mit der früheren Schwimmerin verheiratet. Kennengelernt hatten sich die beiden bei den Olympischen Spielen 1988 in Seoul. Ottke erreichte hier das Viertelfinale, genau wie 1992 bei den nächsten Olympischen Spielen in Barcelona. 1994 gewann Ottke Gold beim Chemiepokal-Turnier in Halle an der Saale und die Silbermedaille im Weltcup. Im Finalkampf der Deutschen Meister mußte er sich dem Berliner Thomas Ulrich geschlagen geben, feierte aber im folgenden Jahr seinen zehnten nationalen Titelgewinn. Er entschied ein hochklassiges Duell für sich, schlug den Europameister im Mittelgewicht von 1993, Dirk Eigenbrodt. »Das war mein schönster Titel. Nun habe ich 50 Prozent der Olympia-Fahrkarte in der Tasche«, jubelte Ottke nach seinem Triumph. Vor Atlanta stellte er seine Form durch den Gewinn der Mittelgewichts-Europameisterschaft im dänischen Vejle unter Beweis. Doch der Medaillentraum im dritten Anlauf bei den Olympischen Spielen zerplatzte wiederum. Bereits in der zweiten Runde kam gegen seinen Angstgegner, den Kubaner Ariel Hernandez, das »Aus«. »Dieser Kubaner ist mein Schicksal«, befand Ottke resignierend.

Am Sinneswandel, vom Amateur zum Profi zu wechseln, wirkte auch sein Arbeitgeber Mercedes-Benz mit, der ihn nicht mehr für Training und Wettkampf freistellen wollte.

Ottke gilt auch als der sparsamste Boxer Deutschlands: Kürzlich erst kaufte er in Thüringen ein Sechfamilien-Haus.

Ottkes größtes Manko ist sicherlich die fehlende Schlagkraft, die er allerdings durch ein gutes Auge und hohe Schnelligkeit wettzumachen versteht. »Vorzeitig kann ich kaum einen Kampf gewinnen, weil ich kein großer Puncher bin.« Beweis: Von insgesamt 14 Siegen als Profi gelangen nur zwei vorzeitig – zuletzt gegen den Italiener Giovanni Nardiello, der chancenlos unterging und sogar eine Nacht zwecks Beobachtung im Krankenhaus verbringen mußte.

»Key fight« von Sven Ottke

- **24. Oktober 1998, Düsseldorf: Punktsieg über Charles Brewer**

In der Düsseldorfer Phillipshalle hatten schon Graciano Rocchigiani und Henry Maske ihre WM-Kämpfe erfolgreich bestritten. Auch Ottke erreichte das scheinbar Unmögliche: Er punktete den favorisierten Champion Charles Brewer aus Philadelphia aus. In der achten Runde hatte Ottke Probleme, überstand sie aber und diktierte nachher ins Protokoll: »Ich bin klinisch tot.«
Ringrichter: Randy Neumann (USA)
Punktewertung: Luca Montella (Italien) 115:113 (Ottke), George Hill (USA) 117:111 (Brewer), Manfred Küchler (Deutschland) 116:112 (Ottke)

Das ist Sven Ottke

Geburtsdatum: 3. Juni 1967
Geburtsort: Berlin
Wohnort: Köln
Familienstand: verheiratet
Gewichtsklasse: Supermittelgewicht
Trainer: Ulli Wegner
Erfolge als Amateur:
- Deutscher Meister 1985–93, 1995, 1996
- WM-Dritter 1989
- Europameister 1991, 1996

Fazit als Amateur: 350 Kämpfe, davon 286 Siege, 42 Niederlagen
Erfolge als Profi:
- Debüt am 22. März 1997
- Deutscher Meister im Halbschwergewicht 1997
- WBC-International-Champion im Halbschwergewicht 1998
- IBF-Weltmeister im Supermittelgewicht 1998

Fazit als Profi: 16 Kämpfe, davon 16 Siege (2 K. o.)

MARIO VEIT

– DER NAME ALS PROGRAMM

Wenn ein Fußballspieler »Tor« oder »Grätsche« mit Nachnamen heißen würde, wären die Erwartungen kaum höher als bei einem Boxer namens Veit. In Anlehnung an die angelsächsische Aussprache ist der Cottbuser tatsächlich ein guter »Fighter« und macht seinem Namen alle Ehre.

Die Bilanz seiner Amateurzeit liest sich vielversprechend: 1994 gewann er Gold beim Chemiepokal-Turnier in Halle, und im folgenden Jahr erreichte er dort die Silbermedaille. Das Jahr 1994 war das bislang erfolgreichste des 1,93 Meter großen Supermittelgewichtlers. Er wurde Deutscher Meister und schlug in Berlin den hoch eingestuften Markus Beyer. Ende 1995 wechselte Veit mit einem Amateurrekord von 70 Siegen in 91 Kämpfen zu den Profis in den Universum-Boxstall von Klaus-Peter Kohl.

Verletzungen haben den Weg an die Spitze immer wieder unterbrochen. So brach sich Supermittelgewichts-Mario schon im Debütkampf den Mittelhandknochen und mußte operiert werden. Gleiches geschah ein Jahr später noch einmal, wieder hielt der Handknochen der eigenen Schlagkraft nicht stand. Nach dem Gewinn der Internationalen Deutschen Meisterschaft im Gewichtslimit bis 76,2 kg gegen den kroatischen ehemaligen WM-Herausforderer Branko Sobot und hohen Plazierungen in Europa- und WBO-Weltrangliste nimmt der fest eingeplante Titelkampf konkrete Formen an. Möglich ist auch ein Aufstieg in die nächsthöhere Klasse Halbschwergewicht, denn der gelernte Koch kennt keine Gewichtsprobleme und hätte die nötige Körpergröße, um auch im Schwergewicht seine Gegner noch um mehrere Zentimeter zu überragen.

Der langjährige Trainer Dietmar Schnieber ist sich über die Zukunft von Veit sicher: »Kein deutscher Profiboxer wird so unterschätzt wie Mario. Er hat eine starke boxerische Linie und die motorischen Voraussetzungen für eine erfolgreiche Karriere.«

Im August 1998 zerbrach überraschend die Ehe mit Peggy. Die damals 23jährige zog ein Jahr nach der Hochzeit zu einer Freundin. »Meine Frau hat sofort die Scheidung eingereicht. Das hat mich gewaltig mitgenommen«, sagte ein trauriger Mario, der wegen des Liebeskummers einen geplanten Kampf absagte. »Ich hatte einfach den Kopf nicht frei für das Boxen. Ehe ich mich verprügeln lasse, melde ich lieber den Kampf ab«, so Veit.

Schon früh hatte Veit schwierige familiäre Umstände zu meistern: Daß er trotzdem seine Leistung im Beruf bringt, zeigt eine starke innere Festigkeit. Der Mann der leisen Worte überläßt im Ring seinen Fäusten das Reden – und hat damit stets überzeugt.

Das ist Mario Veit

Geburtsdatum: 22. Dezember 1973
Geburtsort: Lauchhammer
Wohnort: Cottbus
Größe: 1,93 Meter
Gewichtsklasse: Supermittelgewicht
Trainer: Dietmar Schnieber
Erfolge als Amateur:

- Deutscher Meister 1994
- Chemiepokal-Gewinner 1994
- Chemiepokal-Silber 1995

Fazit als Amateur: 91 Kämpfe, davon 70 Siege

Erfolge als Profi:

- Debüt am 23. September 1995
- Internationaler Deutscher Meister im Supermittelgewicht 1998

Fazit als Profi: 25 Kämpfe, davon 25 Siege (14 K. o.)

Die langen Arme von Mario Veit bereiteten allen Gegnern unüberwindbare Schwierigkeiten. Dem vergleichsweise ruhigen Vertreter des Faustkampfes prophezeien viele Experten eine große Zukunft.

DIE MITTELGEWICHTS-KLASSE

Das Mittelgewicht war vor allem in Europa populär und akzeptiert. Viele Titelkämpfe in der Zeit vor dem Ersten Weltkrieg fanden in Frankreich statt. Nach Amerika sprang die Mittelgewichtswelle erst 1921 über. Legendäre Kämpfer in dieser Gewichtsklasse waren unter anderen Harry Greb, Sugar Ray Robinson, Carlos Monzon und Marvin Hagler.

Klassen-Profil

Gewichtsklasse
Bis 72,574 kg (= 160 lb)

Erster WM-Kampf
3. Februar 1886 in New York (USA); Nonpareil Jack Dempsey siegt durch ein K. o. in der 27. Runde über Jack Fogarty (USA)

Aktuelle Weltmeister

Verband	Name	Siege	Unentschieden	Niederlagen
IBF	Bernard Hopkins (USA)	35	1	2
WBA	William Joppy (USA)	28	1	1
WBC	Keith Holmes (USA)	33	0	2
WBO	Bert Schenk (Berlin)	23	–	–

Der **letzte Vereinigungstitelkampf aller Verbände**, die zeitgleich offiziell anerkannt waren, fand am 10. März 1986 zwischen Marvin Hagler vs. John Mugabi statt.

Aktive Boxer mit deutscher Lizenz

- Bahre Ahmeti
- Vedan Akrap
- Donald Jenkins
- Stephan Kaufmann
- Michael Kraft
- Armand Krajnc
- Torsten Krumnau
- Andy Liebing
- Khalil Mirabzadeh
- Dirk Otto
- Bert Schenk
- Stephan Trabant

Klassen-Profil Halbmittelgewicht

(In diesem Buch werden keine Boxer aus diesem Limit vorgestellt.)

Das »Junior-Mittelgewicht« benötigte einige Zeit, um auch bei den Fans Anerkennung zu finden. In den fünfziger Jahren mußten viele der besten Weltergewichtler bis ins Mittelgewicht aufsteigen, um Doppel-Weltmeister zu werden. Das fand ein Ende, als die WBA das neue Limit einführte; der WBC zog erst 1975 nach. Als dritter Weltmeister konnte Eckhard Dagge sich als Champion verewigen. Der Deutsche entthronte 1976 Elisha Obed (Bahamas) und verteidigte den Titel zweimal erfolgreich, ehe er ihn an den Italiener Rocky Mattioli wieder verlor.

Gewichtsklasse
Bis 69,853 kg (= 154 lb)

Erster WM-Kampf
20. Oktober 1962 in Portland (USA); Denny Moyer (USA) wird Punktsieger nach 15 Runden über Joey Giambra (USA) im Kampf um den WBA-Titel.

Aktuelle Weltmeister

Verband	Name	Siege	Unentschieden	Niederlagen
IBF	Fernando Vargas (USA)	17	–	–
WBA	David Reid (USA)	14	–	–
WBC	Francisco Castillejo (Spanien)	46	0	4
WBO	Harry Simon (Namibia)	18	–	–

Im Halbmittelgewicht ist bisher noch **kein Vereinigungstitelkampf mehrerer/aller Verbände** ausgetragen worden.

Aktive Boxer mit deutscher Lizenz

- Orhan Ajvazoski
- Patrick Beuchler
- Andreas Beyer
- Orhan Delibas
- Christian Ion-Velea
- Daniel Kaufmann
- Sven Klinzing
- Danny Thiele

BERT SCHENK

– MIT »LINKS« ZUM TITEL

Die Chance kam überraschend. Der Mittelgewichtstitel der World Boxing Organization (WBO) wurde vakant, nachdem der Champion Otis Grant (Kanada) zwei Gewichtsklassen aufstieg, um sich einen Millionenzahltag gegen den US-Superstar Roy Jones Jr. zu sichern. Der Gürtel war herrenlos, und die Nummern eins und zwei der Herausforderungsliste durften sich um den Titel streiten. Neben dem Berliner Bert Schenk war das Freeman Barr von den Bahamas. Der WM-Fight in Cottbus vor 2000 Zuschauern war der große Fischzug des in Burg bei Magdeburg geborenen Hobbyanglers. Er stoppte den 25jährigen Freeman Barr und stand nach 2:23 Minuten in der vierten Runde als neuer Weltmeister fest. Der Rechtsausleger hatte seine rechte Führhand hart ins Ziel gebracht und den Boxer aus der Karibik mit der schweren linken Schlaghand mehrere Male durchgerüttelt. Im vierten Durchgang wankte Barr, ging nach zwei Wirkungstreffern zu Boden und ließ sich in der Ecke kniend auszählen. Die Betreuer des Unterlegenen wollten einen Kopfstoß oder einen verbotenen Innenhand-Treffer gesehen haben, konnten aber durch die Fernsehaufzeichnung widerlegt werden. Es war der elfte vorzeitige Sieg für Schenk und zugleich der bedeutungsvollste.

Das Mittelgewicht erfreut sich bei Kennern besonderer Beliebtheit: Hier findet man die Schlagkraft der Schwergewichtler gepaart mit der Beweglichkeit der Leichtgewichtler. WBO-Champion Bert Schenk boxt beispielsweise in diesem Limit.

»Das war der erste Schritt«, beschrieb Manager Klaus-Peter Kohl die Bedeutung des Schenk-Sieges, der sich nun ein eigenes boxgeschichtliches Denkmal setzen kann.
Als Amateur hatte Schenk zweimal den kubanischen Doppel-Olympiasieger Ariel Hernandez geschlagen, wurde 1993 EM-Dritter im türkischen Bursa und 1994 Weltcup-Zweiter in Bangkok.
Anfang 1996 unterschrieb Schenk seinen Profivertrag bei der Hamburger Universum-Box-Promotion. »Das Amateurboxen hat mir nichts mehr gegeben«, äußerte Schenk sich zu seinem Entschluß.
Die Entwicklung im Profilager ging nur schleppend voran. Häufig schien Schenk dem Karriere-Ende näher als den gewünschten Titelkämpfen. Treffen mit guten Freunde, die häufig schon mal auf die kommenden Erfolge

Zu schnell für die meisten Fotografen, nicht aber für die TV-Kamera: Die linke Schlaghand von Schenk trifft Freeman Barr (r.) am Auge, der dreht ab und wird anschließend von Ringrichter Mark Nelson (USA) ausgezählt.

anstoßen wollten, führten zu extremen Gewichtsschwankungen und Konditionsproblemen. Die Trainer Dietmar Schnieber und Gerhard »Bubi« Dieter warfen nacheinander das Handtuch für die Eckenarbeit bei Schenk, der seinen Ruf als »schlampiges Genie« weg hatte. Immerhin gewann er im Januar 1997 gegen einen anderen Berliner, Mario Lupp, die Deutsche Meisterschaft im Mittelgewicht. Schenk quälte sich über die Zehn-Runden-Distanz, hatte mehr Probleme als nötig, gewann aber letztlich verdient nach Punkten. Letztlich fand der neue Trainer Torsten Schmitz den richtigen Draht zu Schenk. Der Amateur-Vizeweltmeister von 1989 hielt auch in kritischen Trainingsphasen zu seinem »Rohdiamanten« und legte durch bedingungsloses Vertrauen den Grundstein für den WM-Erfolg. »Jetzt bin ich der glücklichste Bert der Welt«, ließ der Sieger seinen Gefühlen freien Lauf. »Die Zusammenarbeit mit Schenk wird jetzt einfacher, schließlich will er Geld verdienen«, hofft Schmitz. Eine Bemerkung, die genauso treffend war wie die Schläge von Bert Schenk im WM-Kampf.

»Key fight« von Bert Schenk

- **30. Januar 1999, Cottbus (Stadthalle): K.-o.-Sieg in der 3. Runde über Freeman Barr (Bahamas)**

In Cottbus hatte Schenk seinen Debütkampf als Profi bestritten, und hier holte er sich vor 2000 Zuschauern auch den vakanten Weltmeistertitel der WBO.

Ringrichter: Mark Nelson (USA)

Punktrichter: Levi Martinez (USA), James Condon (USA), Axel Zielke (Deutschland)

Das ist Bert Schenk

Geburtsdatum: 14. November 1970

Geburtsort: Burg bei Magdeburg

Größe: 1,72 Meter

Gewichtsklasse: Mittelgewicht

Trainer: Torsten Schmitz

Erfolge als Amateur:

- dreifacher Chemiepokal-Sieger
- Deutscher Meister 1992
- EM-Dritter 1993
- Silber beim Weltcup 1994

Erfolge als Profi:

- Debüt am 10. Februar 1996
- Deutscher Meister im Mittelgewicht 1997
- WBO-Weltmeister im Mittelgewicht 1999

Fazit als Profi: 23 Kämpfe, davon 23 Siege (11 K. o.)

DIE WELTERGEWICHTS-KLASSE

Woher kommt die Bezeichnung »Weltergewicht«? Kein Boxhistoriker war bislang in der Lage zu erklären, woher die Namensgebung stammt. Möglich, daß es damit zu tun hat, daß hier die »welt«-besten Boxer aktiv sind. In einer Leserbefragung der amerikanischen Fachzeitschrift *The Ring* wurde die Weltergewichtsklasse jedenfalls zum interessantesten Limit mit den spannendsten Kämpfen bestimmt.

Der in Hamburg lebende WBO-Titelträger Ahmed Kotiev ist der siebte Titelträger seit der Gründung des Verbandes.

Klassen-Profil

Gewichtsklasse
Bis 66,678 kg (= 147 lb)

Erster WM-Kampf
30. Oktober 1888 in Fort Foote (USA); Paddy Duffy (USA) siegt durch K. o. in der 17. Runde über Billy McMillan (USA)

Aktuelle Weltmeister

Verband	Name	Siege	Unentschieden	Niederlagen
IBF	Felix Trinidad (Puerto Rico)	36	–	–
WBA	James Page (USA)	25	0	3
WBC	Felix Trinidad (Puerto Rico)	36	0	–
WBO	Ahmed Kotiev (Rußland, Hamburg)	26	0	1

Der **letzte Vereinigungstitelkampf aller Verbände**, die zeitgleich offiziell anerkannt waren, fand am 27. September 1986 zwischen Lloyd Honeyghan vs. Don Curry statt.

Aktive Boxer mit deutscher Lizenz

- Alpaslan Agüzüm
- Gagik Chachatrian
- Jan Heinemann
- Savo Jankovic
- Dirk Kaltenbach
- Dirk Käsebier
- Ahmed Kotiev
- Michael Löwe
- Mike Reißmann
- Simon Stuhr
- Michel Trabant

AHMED KOTIEV

– DIE GEHEIMWAFFE

Er ist die »Wunderwaffe« von Cheftrainer Fritz Sdunek. Der Weltergewichtler aus Nasran nahe dem tschetschenischen Grosny am Schwarzen Meer fristete lange Zeit eine Art Schattendasein. Als Amateur verzeichnete er keine spektakulären Erfolge und schlug ein Angebot aus, für die türkische Nationalstaffel zu boxen.
Über seinen Kampfrekord bei den Profis gibt es unterschiedliche Angaben. Manche Quellen werten erst die Kämpfe, die er in Deutschland bestritt. Dabei hatte Kotiev nach anderen Quellen zu diesem Zeitpunkt bereits drei weitere Kämpfe bestritten, von denen er zwei gewann und einen – den um die Russische Meisterschaft – nach Punkten verlor. Laut Kotiev, der in den ersten Jahren als Profi noch »Katejew« hieß, hat der zuständige russische Verband diese drei Kämpfe nachträglich annulliert. Schwer zu verifizieren, welcher Rekord letztlich der richtige ist.

Im Quartett der großen Weltergewichtler ist er der Joker: Ahmed Kotiev, Titelträger bei der WBO.

Die Niederlage gegen einen der erfahrensten Boxer Europas, Victor Baranov, um die Meisterschaft einer großen Boxnation wie Rußland ist nun wirklich keine Schande. Zumal Kotiev danach in beinahe allen Kämpfen zu beeindrucken wußte. Werner Papke, der in den ersten Auftritten von Kotiev in Deutschland noch in seiner Ecke stand, schwärmt noch heute von den Fähigkeiten: »Er ist ein Juwel!« Und dieser Diamant wurde von Fritz Sdunek noch weiter geschliffen. »Er ist ein bißchen mein Lieblingsschüler«, sagt Sdunek. Kotiev ist stets willens, eine herausragende Leistung zu bringen. Ständig im Training, braucht er keine großen Vorbereitungszeiten vor möglichen Kämpfen. Fällt ein vorgesehener Boxer aus und wird Ersatz gesucht: Kotiev steht bereit.
So auch im Februar 1998. Wenige Tage zuvor hatte Kotiev in München den WBO-Intercontinental-Titel im Weltergewicht gewonnen, seinen belgischen Gegner Douglas Bellini in Runde fünf k. o. geschlagen, da mußte der Trainingskollege und WBO-Weltmeister Michael Löwe seine Titelverteidigung absagen. Eine Schulterverletzung hinderte Löwe, gegen die Nummer eins der WBO-Herausforderungsliste, Leonard Townsend, anzutreten.
Was nun? Den Termin absagen oder die Karte Kotiev spielen, ohne genau zu wissen, was Trumpf ist? Manager Kohl entschied sich für die zweite Lösung, und so boxte Kotiev zwei

Wochen nach seinem ersten »kleinen« Titelkampf direkt um die große Krone. Im entscheidenden Moment an der richtigen Stelle – Kotiev hat die möglichen Nebenwirkungen deutlich demonstriert. Er schlug den überraschten Amerikaner Townsend in Runde eins zu Boden, wuchs ohne einen Tag speziellen Trainings über sich hinaus und gewann ein hochklassiges Duell einstimmig nach Punkten: eine eindrucksvolle Demonstration von Mut, Willen und Kondition. Taktische Disziplin war der Garant in den er-

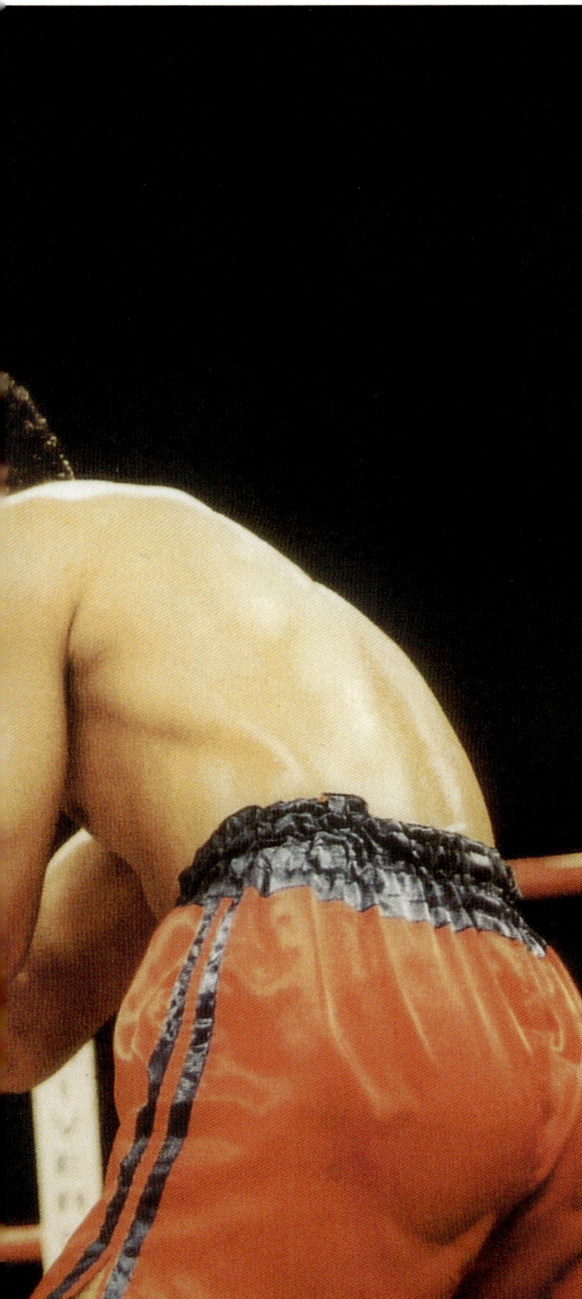

Die Geheimwaffe schlägt zu: Ahmed Kotiev in seiner ersten Titelverteidigung gegen den Argentinier Paolo Sanchez im Mai 1998. Der technischen Finesse Kotievs konnte bislang kaum ein Gegner etwas entgegensetzen.

folgreich absolvierten zwei Titelverteidigungen: erst im Mai '98 in Offenburg gegen den Argentinier Paulo Alejandro Sanchez und später im November in Lübeck gegen Santos Cardona aus Puerto Rico. Gerade der Fight mit Cardona war beeindruckend: Kotiev hatte sich vorher einer Operation an der rechten Schlaghand unterziehen müssen, boxte viel im Rückwärtsgang gegen den als Nummer eins gesetzten Herausforderer, der seine fünfte WM-Chance nutzen wollte. Am Ende stand ein etwas zu knapp ausgefallener Punktsieg für Kotiev, der sich wegen seiner defensiven Einstellung auch Pfiffe der über 2000 Zuschauer in Lübeck gefallen lassen mußte.

Spätestens mit der Vorstellung gegen den Südafrikaner Peter Malinga, den Kotiev in der dritten Runde bezwang, versöhnte er sein Publikum aber wieder. Der WM-Gürtel veränderte auch das Leben Kotievs nachhaltig. Trainer Fritz Sdunek besorgte ihm eine richtige Wohnung, denn bis zum sportlichen Durchbruch logierte Kotiev in einem kleinen Raum oberhalb des Boxgyms. Die Zeiten der kurzen Wege zum Training sind für Kotiev also vorbei – und die große Zeit im Ring fängt jetzt erst richtig an.

»Key fights« von Ahmed Kotiev

- **14. Februar 1998, Stuttgart (Alte Reithalle): Einstimmiger Punktsieg über Leonard Townsend**

Es waren spannende Wochen für Kotiev: Er hatte 14 Tage zuvor in München den WBO-Intercontinental-Titel gewonnen und sprang nun im WM-Kampf als Nummer sechs der WBO-Rangliste für den verletzten Michael Löwe ein. Townsend, auf Platz eins der Rangliste, wurde vom früheren Schwergewichts-Weltmeister Ernie Terrell trainiert. Kotiev gelang ein hervorragender Start: Er schlug Townsend bereits in der ersten Runde zu Boden, ein weiteres Mal dann in Runde zwölf. Da konnte auch der Punktabzug gegen

ihn im letzten Durchgang nichts mehr anrichten.
Ringrichter: Joe Cortez (USA)
Punktewertung: Michael Pernick (USA) 116:109 (Kotiev), Joachim Jacobsen (Deutschland) 119:106 (Kotiev), Arthur Ellensohn (Deutschland) 117:110 (Kotiev)

- **24. April 1999, München (Circus Krone): K.-o.-Sieg über Peter Malinga (Südafrika)**

In der unabhängigen Computer-Weltrangliste (IWBR) stand Peter Malinga zwar einige Plätze vor Kotiev, war im Ring dann aber dennoch chancenlos. Kotiev marschierte, begeisterte die 2600 Zuschauer durch geschmeidige Technik und Schnelligkeit der Fäuste. Malinga wurde dreimal angezählt und in der dritten Runde mit Augenproblemen aus dem Kampf genommen. Kotiev im Interview: »Jetzt hoffe ich auf einen Titelkampf gegen Oscar de la Hoya.«
Ringrichter: Gino Rodriguez
Punktrichter: Joachim Jacobsen (Deutschland), Luca Montella (Italien), Jose Torres (Puerto Rico)

Das ist Ahmed Kotiev

Geburtsdatum: 15. Januar 1968
Geburtsort: Wladikawkas, Rußland
Wohnort: Hamburg
Nationalität: russisch
Größe: 1,73 Meter
Gewichtsklasse: Weltergewicht
Trainer: Fritz Sdunek
Erfolge als Amateur:
- Sowjetischer Meister 1990

Fazit als Amateur: 169 Kämpfe, davon 159 Siege

Erfolge als Profi:
- WBC-International-Meister1995
- WBO-Intercontinental-Meister 1998
- WBO-Weltmeister im Weltergewicht 1998

Fazit als Profi: 28 Kämpfe, davon 26 Siege (15 K. o.), 1 Niederlage, 1 »No Decision«

MICHAEL LÖWE

– VOM RING AUF DIE RENNSTRECKE

Dompteur könnte der Traumberuf von Boxmanager Klaus-Peter Kohl gewesen sein. Wäre es so, hätte er sich heute einen Kindheitstraum verwirklicht. In seinem Boxzirkus gibt es neben dem »Tiger« (Dariusz Michalczewski), dem »Black Panther« (Juan-Carlos Gomez), dem Bantamgewichtler Harald Geier und dem Federgewichtler Istvan »Kobra« Kovacs eben auch Michael Löwe.
Der Boxer mit dem im Tierreich so königlichen Namen setzte sich letztlich auch die boxerische Krone auf: Er gewann 1997 den damals vakanten WM-Titel im Limit des Weltergewichts durch einen hart erkämpften und nicht unumstrittenen Punktsieg über Santiago Samaniego. Doch nach nur einer Titelverteidigung mußte Löwe den Gürtel einem anderen überlassen. Das Positive hieran ist, daß er den Titel nicht im Ring verlor. Vielmehr zwang ihn Verletzungspech dazu, den Thron zu räumen und dem Trainingskollegen Ahmed Kotiev zu überlassen.
Die Schulter bereitete ihm immer wieder schmerzhafte Probleme, und obwohl Kampftermine verschoben wurden, erfolgte keine echte Ausheilung. Auch Schwierigkeiten mit dem Visum hatten schon während der Profikarriere immer wieder zu nervenden Verschiebungen geführt. Geplante Veranstaltungen mit Löwe konnten nicht wie geplant stattfinden, weil er nicht aus Rumänien ausreisen durfte.
Nach dem Abitur wurde Löwe in die Bukarester Sporthochschule aufgenommen. Er holte vier Meistertitel in Folge, und als größter Coup gelang ihm 1987 der Gewinn der Juniorenweltmeisterschaft in Kuba.

In Zukunft ohne Box-Handschuhe? Michael Löwe, nach seinem Box-Stopp nun nur noch Boxen-Stopp, oder wie man vom Box-Weltmeister zum Rennfahrer wird.

Im selben Jahr setzte er sich während der Amateur-Europameisterschaft in Athen ab. Nach abenteuerlicher Flucht in einem LKW wurde er bei der Werksstaffel von Bayer Leverkusen mit offenen Armen empfangen und boxte schließlich in der Bundesliga. Doch bevor er endgültig zum Hoffnungsträger des deutschen Amateurboxens aufstieg, entschied er sich 1991 – auf dem sportlichen Höhepunkt und vor den Amateur-Weltmeisterschaften, für die er bereits qualifiziert war – für eine Profikarriere. Gemeinsam mit seinem Teamkollegen Dariusz Michalczewski heuerte Löwe in Hamburg bei Klaus-Peter Kohl an.
Bereits nach zwei Kämpfen als Profi verschlechterte sich die Stimmung zwischen Boxer und Management: Es geht um Geld. Als Löwe wegen eines Paßvergehens Ärger mit dem Gesetz bekommt, springt Manager Kohl in die Bresche. Löwe hatte seine Geburtsurkunde gefälscht, um sich die deutsche Staatsbürgerschaft zu sichern. Er bekommt eine Bewährungsstrafe aufgebrummt, hat fortan oft Probleme bei der Pendelei zwischen den Staaten. Zu allem Überfluß gefährdete vier Jahre später ein schwerer Verkehrsunfall, bei dem Löwe sich drei Rippen brach und schwere Kopfverletzungen erlitt, die Karriere.
Doch er erholte sich, fand den sportlichen Anschluß wieder und krönte die harte Zeit schließlich mit dem Gewinn des WM-Titels im Februar 1997. Sieben Monate später gelang die Titelverteidigung gegen den Iren Michael Carruth, danach machte die Schulter erneut Probleme.
Im Januar 1998 wurde er in Rumänien zum »Sportler des Jahres« gewählt.
Ob Löwe nochmals in den Boxring zurückkehren wird, ist derzeit mehr als fraglich. Dem Sport bleibt er trotzdem erhalten: In seiner Heimat startete er eine erfolgreiche Karriere als Rallyefahrer. Statt schneller Schläge beherrschen nun schnelle Autos sein Leben.

Das ist Michael Löwe

Geburtsdatum: 13. Februar 1969
Geburtsort: Hunedoara/Rumänien
Nationalität: rumänisch
Größe: 1,78 Meter
Gewichtsklasse: Weltergewicht
Spitzname: »Lion«
Trainer: Fritz Sdunek
Erfolge als Amateur:
- Bundesligaboxer für Bayer Leverkusen
- Juniorenmeister Rumänien 1983–1986
- Junioren-Weltmeister 1987
- Internationaler Deutscher Meister 1989/1990

Fazit als Amateur: 200 Kämpfe, davon 190 Siege

Erfolge als Profi:
- Debüt am 16. September 1991
- Internationaler Deutscher Meister im Weltergewicht 1994
- WBO-Intercontinental-Meister im Weltergewicht 1995
- WBO-Weltmeister im Weltergewicht 1997

Fazit als Profi: 28 Kämpfe, davon 28 Siege (10 K. o.)

MICHEL TRABANT

– DER WANDEL ZUM »PHANTOM«

Er war erst 16 Jahre alt und noch ein Leichtgewicht – aber schon Berufsboxer. Der jüngste Profiboxer Deutschlands gewann im Februar 1995 seinen Debütkampf gegen den zwölf Jahre älteren Belgier Marc Piette.
Die jugendliche Karriere begann am 14. Januar 1995, als Trabant einen inzwischen verlängerten Drei-Jahres-Vertrag mit der Universum-Box-Promotion des Hamburger Managers Klaus-Peter Kohl unterschrieb. In Deutschland gab und gibt es keinen jüngeren professionellen Faustkämpfer – allenfalls in Südostasien: Hier finden sich sogar 14jährige Boxer.
Kaum war der Wechsel zu Kohl vollzogen, klingelte bei Michel, der wochentags bei seinem Trainer Werner Papke wohnte, ständig das Telefon. Doch weil die ersten Medienerfahrungen sehr gemischte Gefühle hinterlassen hatten, verfügte Universum-Geschäftsführer Peter Hanraths einen Interviewstopp. »Michel ist noch nicht so erfahren, daß er mit dem Medienzirkus geschickt umgehen könnte. Boxerisch hingegen ist er ein Rohdiamant, den wir ganz vorsichtig schleifen werden.« »Ich habe noch nie einen so nervenstarken Jungen gehabt«, sagt Entdecker und Förderer Werner Papke. »Michel ist ehrgeizig und für sein Alter erstaunlich abgebrüht.« Auch die Härte gegen sich selbst hat Michel bereits im zarten Alter gehabt: Bei der Juniorenmeisterschaft ließ er sich auch durch heftige Magenprobleme nicht von einem

Sein Erfolg im Ring beruht auch auf dem Rückhalt, den er bei seiner Ehefrau Anja findet: Michel Trabant. Die Astrologin sagt ihrem Mann eine große Zukunft voraus. Die Experten erheben keinen Widerspruch.

Kampf abbringen und schaffte letztlich den Sieg.
Diese Kaltschnäuzigkeit bewies Trabant, der den Spitznamen »Trabbi« verpaßt bekam, schon in seiner Amateurzeit: In 53 Amateurkämpfen gelangen ihm 48 Siege, 1 Unentschieden und 4 Niederlagen.
Michels Vater Gerhard Trabant hatte seinem Filius die Sportlaufbahn geebnet. Schon seit drei Jahren wohnt und trainiert der 1,70 Meter große künftige Champion bei Papke. Der Coach aus dem Bezirk Wedding hat ein Gespür für Talente und zukünftige Champions: So entdeckte der heute 65jährige vor 28 Jahren in einem Schwimmbad den späteren Europameister Jörg Eipel.
»Ich weiß genau – wenn die ersten Gelder fließen, tauchen plötzlich alle möglichen Kumpels auf«, sagt Trabant, der seine Börsen für die Kämpfe auf ein Sperrkonto überweisen läßt.
Die ganze Familie stützt den Youngster. Die kleine Schwester erledigt die Fanpost, und Bruder Stefan wurde ebenfalls Profi. Mutter Heide, die anfangs sehr ängstlich war, wenn ihr Sohn in den Ring kletterte, hat sich inzwischen mit diesem Beruf abgefunden: »Da verdient er gutes Geld und bleibt von der Straße fern.« Die Kämpfe sieht sie sich allerdings vornehmlich im Fernsehen an. Vater Gerhard jedoch, der bei den Stadtwerken angestellt ist, ist immer am Ring mit dabei.
Trabants Ansinnen, bereits in jungen Jahren für Geld zu boxen, löste eine kleine Welle der Pro-und-Kontra-Diskussionen aus. Es war ein Drahtseilakt für Trainer und Manager. Wäre nur eine Kleinigkeit schiefgegangen, hätte das Ansehen einer ganzen Sportart schweren Schaden nehmen können. Doch es lief alles nach Plan. Es gab keine Fehlzündung beim »Trabbi«. »Mit 21 Jahren will ich Weltmeister sein«, sagt Michel, und es klingt gar nicht aufgesetzt. Er spricht voller Selbstvertrauen und unterstreicht die großen Worte mit entsprechenden Taten im Ring. Um den Wandel vom »kleinen Trabbi« zum ernstzunehmenden Mann zu vollziehen, änderte er den Kampfnamen in »Phantom«. Das boxerische Vorbild Nassem Hamed wird häufig von ihm kopiert; auch Trabant versucht den eingesprungenen linken Aufwärtshaken.
Daß weiterhin alles nach Plan läuft, überläßt Trabant nicht dem Zufall. Seine Ehefrau Anja Weber – die beiden heirateten am 14. Mai 1999 – erstellt vor jedem Kampf ein Horoskop, das genau über den Kampfausgang informiert. »Bislang lag sie immer richtig«, berichtet Michel. Zu privaten Vorhersagen äußert er sich aber nicht.
Auch den bislang wichtigsten Sieg in seiner Karriere sagte die bessere Trabant-Hälfte voraus: Den Erfolg gegen Eric Jakubowski (USA) um den WBO-Intercontinental-Titel im Weltergewicht. Trabant gewann den 12-Runden-Kampf nach Punkten und überzeugte mit einer durchgehend starken Leistung.
Der jüngste deutsche Profiboxer will auch andere Rekorde brechen. Nur einer ist unerreichbar: Der jüngste Weltmeister aller Zeiten kann er längst nicht mehr werden. Das war Wilfredo Benitez, der mit 17 Jahren und 176 Tagen Champion im Halbweltergewicht wurde – daran gemessen ist Trabant schon ein alter Hase.

Das ist Michel Trabant

Geburtsdatum: 11. Mai 1978
Geburtsort: Berlin
Nationalität: deutsch
Größe: 1,70 Meter
Familienstand: verheiratet
Gewichtsklasse: Weltergewicht
Spitzname: »Phantom«
Trainer: Werner Papke
Erfolge als Amateur:
- Internationaler Deutscher Junioren-Meister 1994

Fazit als Amateur: 53 Kämpfe, davon 48 Siege, 1 Unentschieden, 4 Niederlagen

Erfolge als Profi:
- Debüt am 12. Februar 1995
- Deutscher Meister im Weltergewicht 1997
- WBO-Intercontinental-Meister im Weltergewicht 1998

Fazit als Profi: 29 Kämpfe, davon 29 Siege (13 K. o.)

MICHEL

Der »Trabbi« im Ring bislang ohne Fehlzündung und auf der Überholspur: Edwin Murillo (Panama) war ohne Chance. Michel Trabant siegte in Runde drei.

DIE SUPERLEICHT-GEWICHTSKLASSE

In einigen Verbänden heißt das Superleichtgewicht **Junior-Weltergewicht** oder einfach **Halbweltergewicht**. Das Gewichtslimit ist jedoch überall das gleiche. Schwierig ist die historische Zuordnung der ersten Weltmeisterschaft, da verschiedene Verbände und Behörden am Anfang des Jahrhunderts die Eigenständigkeit des Superleichtgewichts anzweifelten. Durch die Konkurrenz der NBA (National Boxing Association) mit der NYSAC (New York Commission) war die Situation häufig chaotisch. Der Amerikaner Mushy Callahan wurde aber als erster Boxer zeitweise von beiden Verbänden als Champion geführt.

Klassen-Profil

Gewichtsklasse
Bis 63,503 kg (= 140 lb)

Erster WM-Kampf
21. September 1926 in Vernon (USA); Mushy Callahan (USA) siegt nach Punkten nach 10 Runden über Pinkey Mitchell (USA) im Kampf um den NBA-Titel.

Aktuelle Weltmeister

Verband	Name	Siege	Unentschieden	Niederlagen
IBF	Terron Millett (USA)	22	1	1
WBA	Sharmba Mitchell (USA)	45	–	2
WBC	Kostya Tszyu (Australien)	23	1	1
WBO	Randall Bailey (USA)	19	0	0

Im Superleichtgewicht ist bisher **kein Vereinigungstitelkampf aller Verbände**, die zeitgleich offiziell anerkannt waren, ausgetragen worden.

Aktive Boxer mit deutscher Lizenz
- Raschid El Bakri
- Yahida Issaoun
- Rudi Milbradt
- Alex Ruud
- Stefan Schramm
- Raik Schultgen
- Oktay Urkal

OKTAY URKAL

– EIN KÄMPFER »UNTER STROM«

»Was ist härter als Thai-Boxen?« fragte die *Berliner Morgenpost* nach einem seiner Kämpfe, um die Antwort gleich mitzuliefern. Sie lautete: »Oktay-Boxen«. Denn das quirlige Kraftpaket kennt im Boxring vornehmlich eine Richtung: die nach vorne.

Er will immer eine besondere Leistung bringen, Durchschnitt ist für ihn nur schwer zu akzeptieren. Der elegante Schwung über die Ringseile beim *walk in*, der »Ali-Shuffle« während der Runden und ein ausgiebiges Ausleben der Siegesfreude sind für Urkal fester Bestandteil der Ringarbeit. Wäre er Fußballprofi, würde er beim entscheidenden Elfmeter im Pokalfinale wohl einen Hackentrick probieren.

Urkal begann als Zehnjähriger mit dem Boxen. Sein Bruder Aytekin hatte ihn mit zu Trainer Fred Bergemann und den »Schöneberger Boxfreunden« genommen. Nach dem Gewinn der Berliner Jugendmeisterschaft 1984 wurde er in seinen drei darauffolgenden Turnieren Berliner und Norddeutscher Meister. Trotzdem hätte Urkal in dieser Zeit beinahe die Handschuhe an den Nagel gehängt; er setzte seine vielversprechende Karriere dann aber doch bei den »Neuköllner

»Cassius« Urkal mit Gürtel und Trainer Sdunek. »Was Muhammad Ali für die Welt ist, bin ich für Berlin«, so Urkal über seinen Spitznamen.

PiPoRé

Der gelernte Elektriker Oktay Urkal (r.) stellt auch im Ring immer die richtigen Verbindungen her: Hier gegen den Argentinier Pablo Sarmiento, am 10. Juli 1999 in Augsburg.

Sportfreunden« fort – eine gute Entscheidung, wie die kommenden Siege zeigten. In den Jahren 1988 bis 1992 hielt er das Abonnement auf die Berliner Meisterschaften und schaffte 1991 auch den internationalen Durchbruch. Beim TSC-Turnier in der Metropole siegte er für die Türkei. Aber auch nach dem Erhalt des türkischen Meistertitels wurde er nicht für die Olympiaauswahl des Landes berücksichtigt. Urkal erhielt die zweite Staatsbürgerschaft und erkämpfte sich bei den Deutschen Meisterschaften in Karlsruhe den dritten Platz im Limit des Halbweltergewichts. 1993 wurde dann das sportlich beste Jahr im Leben Urkals: Er besiegte im Finalkampf des traditionsreichen Chemiepokal-Turniers in Halle an der Saale den sechsfachen DDR-Meister Andreas Zülow und gewann in diesem Jahr 22 seiner 26 Kämpfe. In Bochum holte er sich darüber hinaus auch noch den deutschen Meistertitel. »Das war das schönste Jahr, das ich erlebt habe«, beteuerte er. »Im Vorjahr fast noch unbekannt, bin ich jetzt in der Boxwelt schlagartig zum Begriff geworden.« Aber seine Bilanz der folgenden Jahre sieht auch nicht viel schlechter aus: eine Goldmedaille beim Worldcup in Bangkok 1994, eine Bronzemedaille bei der WM 1995 in Berlin und nicht zuletzt auch eine verdiente Silbermedaille bei den Olympischen Spielen in Atlanta 1996.
Seinem großen Vorbild Muhammad Ali begegnete er einmal in der Mensa des Olympischen Dorfes. Den Vergleich mit dem berühmtesten Boxer aller Zeiten findet der »Ali aus Kreuzberg« durchaus legitim. »Ich bin Moslem wie er. Ich bin in meinem Geburtsland halber Ausländer, wie er es auch war. Ich bin so schnell wie er und habe ein gutes Auge. Also: Was er für die Welt ist, bin ich eben für Berlin.«

Bei der Frauenwelt ist der smarte Berliner ebenfalls beliebt, einzig seine Mutter sieht er nicht so gerne in der Halle. »Das macht mich nervös, sie soll sich schließlich keine Sorgen machen«, meint Urkal. Bei seinem Titelgewinn des WBC-International-Gürtels war sie dabei, brachte ihrem Sohn aber auch Glück: Er schlug den Amerikaner Craig Allen Houk in der vierten Runde k. o. An die Siegesfeier hat sich Urkal auch noch lange erinnert: Er fuhr mit seinem Wagen in eine Geschwindigkeitskontrolle und war mit über 100 km/h zu schnell – der Führerschein war also erstmal futsch. Der gelernte Elektriker steht also nicht nur im Boxring unter Strom.
Urkals schwerster Kampf dauerte nicht zwölf Runden, sondern zwölf Monate. Der Kampf nämlich um das Herz und die Hand seiner heutigen Ehefrau Binnur Dasdelen. Er sah sie auf der Straße und sprach sie an – doch sie zeigte kein Interesse. Er gab nicht auf, sah sie sechs Monate später wieder und hatte dann mehr Glück. Es folgten heimliche Telefonate, bis ihr Vater dahinterkam. Erst nach heftiger Familienfürsprache gab Binnurs Vater seine Zustimmung zu Freundschaft und Ehe – dagegen wird der geplante WM-Fight wohl eher ein Kinderspiel.

Das ist Oktay Urkal

Geburtsdatum: 15. Januar 1970
Geburtsort: Berlin
Nationalität: deutsch
Erlernter Beruf: Elektriker
Familienstand: verheiratet
Spitzname: »Cassius«
Größe: 1,73 Meter
Gewichtsklasse: Superleichtgewicht
Trainer: Fritz Sdunek
Erfolge als Amateur:

- Deutscher Meister 1993–1995
- Militärweltmeister 1994
- Worldcup-Sieger 1994
- WM-Dritter 1995
- Silber bei Olympia 1996

Fazit als Amateur: 280 Kämpfe, davon 250 Siege

Erfolge als Profi:

- Debüt am 21. September 1996
- WBC-International-Meister Superleichtgewicht 1998

Fazit als Profi: 22 Kämpfe, davon 22 Siege (8 K. o.)

DIE LEICHTGEWICHTS-KLASSE

Das Leichtgewicht ist eines der ältesten Limits. Wie auch im Schwergewicht dominierte ein farbiger Boxer die frühen Jahre dieser Gewichtsklasse. Joe Gans galt Anfang des 20. Jahrhunderts als unschlagbar, besiegte unter anderen den deutschstämmigen Rudy Unholz in einem WM-Kampf im Mai 1908 in San Francisco durch K. o. Gegen den offiziellen Titel von Gans wurde für die Dauer von acht Jahren ein Gegentitel eingeführt, um den nur Boxer weißer Hautfarbe antreten durften. Erst danach siegte boxerische Klasse über den Rassismus.
Herausragende Boxer in diesem Gewichtslimit waren: Benny Leonard, Joe Gans, Barney Ross, Henry Amstrong, Joe Brown und Roberto Duran.

Klassen-Profil

Gewichtsklasse
Bis 61,235 kg (= 135 lb)

Erster WM-Kampf
1. Juni 1896 in London (England); George Lavigne (USA) siegt durch K. o. in der 17. Runde über Dick Burge (England).

Aktuelle Weltmeister

Verband	Name	Siege	Unentschieden	Niederlagen
IBF	Paul Spadafora (USA)	27	0	0
WBA	Stefano Zoff (Italien)	29	2	6
WBC	Steve Johnston (USA)	28	0	1
WBO	Artur Grigorian (Usbekistan, Hamburg)	27	–	–

Der **letzte Vereinigungstitelkampf mehrerer Verbände** (WBA und WBC), die zeitgleich offiziell anerkannt waren, fand am 21. Januar 1978 zwischen Roberto Duran vs. Esteban DeJesus statt.

Aktive Boxer mit deutscher Lizenz

- Artur Grigorian
- Sentürk Özdemir
- Marco Rudolph
- Thomas Seiler

Klassen-Profil Superfedergewicht

(In diesem Buch werden keine Boxer aus diesem Limit vorgestellt.)

Aktuelle Weltmeister

Verband	Name	Siege	Unentschieden	Niederlagen
IBF	Diego Corrales (USA)	29	0	0
WBA	Lavka Sim (Mongolei)	11	1	1
WBC	Floyd Mayweather (USA)	22	–	–
WBO	Acelino Freitas (Brasilien)	21	0	0

Die Einführung beruht auf einem Marketingtrick Tex Rickards: Der amerikanische Promoter ließ 1921 für dieses Gewichtslimit einen eigenen Champion-Gürtel herstellen, der einen Wert von 2500 US-Dollar gehabt haben soll. Mit dieser PR-Aktion stieg das Interesse an dem Kampf zwischen Dundee und Chaney sprunghaft.

Gewichtsklasse
Bis 58,967 kg (= 130 lb)

Erster WM-Kampf
18. November 1921 in New York (USA); Johnny Dundee (USA) siegt wegen der Disqualifikation George Chaneys (USA) in der 5. Runde

Im Superfedergewicht ist bisher **kein Vereinigungstitelkampf mehrerer/aller Verbände**, die zeitgleich offiziell anerkannt waren, ausgetragen worden.

ARTUR GRIGORIAN

– DER »KÖNIG« DER LEICHTEN

Sie nennen ihn ehrfurchtsvoll »König Artur«. Artur Grigorian hat sich diesen Beinamen für seine Ringauftritte durch seine königliche Boxtechnik auch redlich verdient. Das Kraftpaket aus Taschkent in Usbekistan stieß 1994 zum Hamburger Universum-Boxstall. Zu dieser Zeit hatte er bereits zwei Jahre lang beim Amateur-Bundesligisten SV Halle um Punkte und Meisterschaft geboxt. Vor dem Gewinn des international renommierten Chemiepokal-Turniers unterzeichnete er seinen Profivertrag und zog mit der Goldmedaille sowie seiner Frau Olga und den beiden Töchtern Arina und Karina von der Saale an die Elbe, von Halle nach Hamburg. 323 Amateurkämpfe standen im Startpaß Grigorians, 301 davon hatte er gewonnen. Außerdem gelang ihm das Kunststück, in 18 internationalen Turnieren, an denen er teilnahm, volle 13mal zu siegen.

Von wegen Leichtgewicht: Ginge es nach Artur Grigorian müßte die Gewichtsklasse in »Königsgewicht« umbenannt werden. Der Armenier ist technisch einer der besten Boxer der Welt.

Die Aufbauphase als Profi ging bei Grigorian schnell vorüber. Nur zwei Jahre nach seinem Debüt gewann er in Hamburg gegen den Puertoricaner Antonio Rivera den Interims-WM-Titel des Verbandes WBO. Es war ein Kampf mit einer Schrecksekunde in der zwölften Runde, als Grigorian nach einem Volltreffer Wirkung zeigte und angezählt werden mußte. Am Ende war er dennoch siegreich und gewann den Kampf durch K. o. Der eigentliche Champion, der US-Superstar Oscar de la Hoya, hatte einen WM-Fight im nächsthöheren Limit angekündigt. Als der amerikanische »Golden Boy« sein Vorhaben mit dem Kampf gegen die me-

xikanische Legende Julio Cesar Chavez in die Tat umsetzte, erklärte der Weltverband Grigorian offiziell zum Champion.
»König Artur«, der auch von internationalen Experten als einer der besten Weltmeister im Limit bis 61,235 kg anerkannt wird, verteidigte seinen Titel bis dato siebenmal erfolgreich. Die großen Stärken des in der Rechtsauslage boxenden Technikers sind die Präzision seiner Schläge und die hohe Geschwindigkeit seiner Aktionen. Gegen den Amerikaner Marty Jakubowski, der die Erfahrung aus über 100 Profikämpfen gegen den Wahlhamburger in die Waagschale warf, zeigte Grigorian einmal mehr seine Extraklasse. »Das war technisch das beste, was wir je in Deutschland gesehen haben«, meinte Box-Kollege Ralf Rocchigiani zu dem Ringkünsten Grigorians gegenüber der *Süddeutschen Zeitung*.
Ein besonders wichtiger Sieg gelang Grigorian im März 1998 gegen seinen Stallkollegen Marco Rudolph. Der Amateurweltmeister von 1991, der im Finale von Sydney einen Sieg über Grigorian verzeichnet hatte, war letztlich chancenlos und wurde in der siebten Runde gestoppt.
Dem 1967 in Taschkent geborenen Artur Grigorian wurde übrigens 1996 per Orden und Urkunde bestätigt, daß er sich auch offiziell »Held des usbekischen Volkes« nennen darf.

»Key fights« von Artur Grigorian

- **13. April 1996, Hamburg (Wandsbecker Sporthalle): gegen Antonio Rivera (USA), K.-o.-Sieg in der 12. Runde**

Nach einem wackeligen Moment setzt sich »König« Artur selbst die Krone auf: Er schlägt Rivera nach 2:23 Minuten in der zwölften Runde vorzeitig und ist damit der »Interims«-Meister, da Oscar de la Hoya (USA) vom Leichtgewicht ins nächsthöhere Limit wechselte und den Titel deshalb nicht verteidigen wollte. Es war für Grigorian der 19. Sieg im 19. Kampf.
Ringrichter: Joe O'Neill (USA)
Punktewertung (nach 11 Runden): André van Grootenbruel (Belgien) 110:97 (Grigorian), Teofilo Regus (Dominikanische Republik) 109:98 (Grigorian), Cornelio Stucchi (Italien) 110:98 (Grigorian)

- **14. März 1998, Hamburg (Wandsbecker Sporthalle): Marco Rudolph (Cottbus), K.o.-Sieg in der 6. Runde nach 1:50 Minuten**

Eine schwierige Aufgabe wurde souverän gelöst: Gegen seinen Stallgefährten Marco Rudolph bewies »König Artur« nicht nur seine Schnelligkeit und gute Technik, sondern auch die verbesserte Schlagkraft.
Ringrichter: Bill Connors (USA)
Punktewertung (nach 5 Runden): Luca d'Airola Montella (Italien) 50:44 (Grigorian), Axel Zielke (Deutschland) 50:44 (Grigorian), Joachim Jacobsen (Deutschland) 49:45 (Grigorian)

Das ist Artur Grigorian

Geburtsdatum: 20. Oktober 1967
Geburtsort: Taschkent, Usbekistan
Wohnort: Hamburg
Nationalität: armenisch
Familienstand: verheiratet, zwei Töchter
Spitzname: »König Artur«
Größe: 1,70 Meter
Gewichtsklasse: Leichtgewicht
Trainer: Fritz Sdunek
Erfolge als Amateur:
- Vizeweltmeister 1991
- vierfacher Sowjetischer Meister
- Teilnehmer an 18 internationalen Turnieren

Fazit als Amateur: 323 Kämpfe, davon 301 Siege

Erfolge als Profi:
- Internationaler Deutscher Meister im Leichtgewicht 1994
- WBO-Intercontinental-Meister im Leichtgewicht 1995
- WBO-Weltmeister im Leichtgewicht 1996

Fazit als Profi: 27 Kämpfe, davon 27 Siege (17 K. o.)

MARCO RUDOLPH

– SIEGE, TITEL UND VIELLEICHT EIN »OSCAR«

»Lieber ein gut bezahlter Amateur als ein schlecht bezahlter Profi.« Dieses Zitat stammt von Marco Rudolph, und spätestens hierdurch hat er sich die immerwährende Verdienstmedaille des Amateur-Box-Verbandes redlich verdient. Natürlich auch durch seine herausragenden Erfolge, aber die totale Abgrenzung der Amateure zu den Profis ist in den Augen der Funktionäre eine Art elftes Gebot. Um so härter traf die besagten Herren dann die Enttäuschung über den »Wortbruch« des Vorzeige-Amateurs. »Marco Rudolph wird Profi« – eine Nachricht wie ein rechter Schwinger. Aber der gelernte Koch mußte letztlich, ohne an seine früheren Erfolge anknüpfen zu können, in seinen alten Beruf zurückkehren. Nun kann er doch wieder als abschreckendes Beispiel für nicht

Marco Rudolph konnte bei den Profis nie an seine früheren Amateurerfolge anknüpfen. Er gewann zwar kleine Titel, konnte seinen großen Traum vom »Oscar« bisher aber nicht verwirklichen.

linientreue Amateure herhalten. Rudolph selbst sieht die Entwicklung nicht ganz so dramatisch. »Besser zu früh aufhören als den berühmten Kampf zu spät«, so der Mann aus Zittau, der als erste sportliche Betätigung das Turnen ausprobierte, im zarten Alter von zehn Jahren aber zum Boxen wechselte. Im August 1998 legte er die Handschuhe endgültig weg; den Nagel, um sie aufzuhängen, hatte er schon lange vorher in die Wand geschlagen. Fürs Leichtgewicht zu schwer und zu undiszipliniert zu sein, aber auch nicht stark genug für das nächsthöhere Gewichtslimit: Das war das Dilemma des Marco Rudolph. Zwischen den Kämpfen wog er oftmals mehr als acht, neun Kilogramm zuviel, mußte die Masse jedesmal runterschuften. Diese anstrengenden Prozeduren zehrten an den Kräften, ließen das Unternehmen »Glanz und Gloria« scheitern. Marco Rudolph und der Profisport – nicht nur in den Köpfen der Funktionäre paßte das nicht zusammen. »Er kann eigentlich alles, nur nichts umsetzen«, lautet eine drastische Formulierung aus seinem ehemaligen Betreuerkreis. Es gab quälende Runden gegen Aufbaugegner, aber selten eine wirklich überzeugende Vorstellung. Bei den Amateuren war er ohne Zweifel Weltklasse, bei den Profis aber stellten ihn ungehobelte »Haudrauf-Boxer« vor Probleme. Der entscheidende Kampf war die WM-Chance gegen seinen Stallgefährten Artur Grigorian. In der sechsten Runde war Schluß, Rudolphs Traum vom Titel brutal zerplatzt. Auf dem Weg ins Krankenhaus konnte sich der Leichtgewichtler an »nichts mehr erinnern. Ich weiß nur noch, daß ich plötzlich auf der Bahre lag.« In den Runden zuvor hatte »Rudi« schwere Treffer kassiert, nur selten den schnellen Kombinationen Grigorians ausweichen können. Der Ringrichter Bill Connors (USA) brach ab, als der Herausforderer orientierungs- und verteidigungslos durch den Ring taumelte. Die Ringärztin bestand auf die Einlieferung ins Krankenhaus, um mögliche Hirnblutungen oder Frakturen festzustellen. Rudolphs Ex-Coach Dietmar Schnieber, von dem er sich im Oktober 1997 im Streit getrennt hatte, war in den bangen Momenten in Gedanken bei seinem ehemaligen Schützling. »Ihm fehlt die professionelle Einstellung«, so Schnieber. »Aber trotzdem hat ein Sportler wie er einen solchen Abgang nicht verdient. Von Grigorian hat er mehr kassiert als in den letzten zehn Jahren zusammen.« Der alte und neue Weltmeister sah das ähnlich: »Marco ist ein netter Mensch. Aber er hat im Profiboxen keine Chance.« Gedanken an eine Fortsetzung der Karriere beendete Rudolph nach langer Bedenkzeit abrupt. Der Vertrag war bereits verlängert, da bat der Cottbusser um Auflösung: »Es hat keinen Sinn mehr.«

Vielleicht kommt es aber noch zu einer »Revanche« gegen Oscar de la Hoya. Rudolph hofft, daß der Amerikaner bei seinem Karriereende einen Schaukampf gegen den Amateurrivalen aus Germany bestreiten wird. So würde der beim WM-Fight gegen Grigorian geplatzte Traum vielleicht doch noch irgendwie Realität.

Das ist Marco Rudolph

Geburtsdatum: 22. Mai 1970
Geburtsort: Zittau
Wohnort: Cottbus
Größe: 1,70 Meter
Erlernter Beruf: Koch
Gewichtsklasse: Leichtgewicht
Trainer: Dietmar Schnieber, Michael Timm
Erfolge als Amateur:

- Vizeeuropameister 1989
- Silber beim Weltcup 1990
- Deutscher Meister 1990
- Weltmeister 1991
- Deutscher Meister 1992
- Weltcupsieger 1994
- Bronze bei WM 1995

Fazit als Amateur: 314 Kämpfe, davon 271 Siege
Erfolge als Profi:

- Debüt am 19. August 1995
- WBC-International-Meister 1996
- WBO-Intercontinental-Meister 1997

Fazit als Profi: 15 Kämpfe, davon 13 Siege (8 K. o.), 1 Niederlage, 1 »No Decision«

Oscar de la Hoya will der erfolgreichste Boxer aller Zeiten werden. In vier Gewichtsklassen setzte er sich bereits die Krone auf und hat die Niederlage gegen Marco Rudolph immer im Hinterkopf.

DIE FEDERGEWICHTS-KLASSE

Die ersten belegbaren Kämpfe fanden bereits um 1860 statt, doch größere Akzeptanz erhielt das Federgewicht erst, als der Ire mit dem englischen Namen Ike Weir gegen den Engländer mit dem irischen Namen Frank Murphy antrat. Die Polizei stoppte den Kampf nach 80 (!) Runden, so daß der Kampf »unentschieden« gewertet wurde. Das Federgewicht hat sich in den letzten Jahrzehnten zu einer der attraktivsten Gewichtsklassen entwickelt und großartige Champions wie Willie Pep, Sandy Saddler (beide USA) und Salvador Sanchez (Mexiko) hervorgebracht.

Klassen-Profil

Gewichtsklasse
Bis 57,153 kg (= 126 lb)

Erster WM-Kampf
31. März 1889 in Kouts (USA); Ike Weir (Irland) boxt »unentschieden« nach 80 Runden gegen Frank Murphy (England)

Aktuelle Weltmeister

Verband	Name	Siege	Unentschieden	Niederlagen
IBF	Manuel Medina (Mexiko)	56	0	10
WBA	Freddy Norwood (USA)	35	1	0
WBC	Naseem Hamed (England)	33	0	–
WBO	Naseem Hamed (England)	33	–	–

Der **letzte Vereinigungstitelkampf aller Verbände**, die zeitgleich offiziell anerkannt waren, fand am 14. Oktober 1967 zwischen Vicente Saldivar vs. Howard Winstone statt.

Aktive Boxer mit deutscher Lizenz
- Marcel Kemnitz
- Istvan Kovacs
- Sinasi Ercan

Klassen-Profil Superbantamgewicht

(In diesem Buch werden keine Boxer aus diesem Limit vorgestellt.)

Schon vor der offiziellen Anerkennung dieses Limits durch den World Boxing Council (WBC) im Jahre 1976 wurden in dieser Klasse bis 55,338 kg sporadisch Titelkämpfe von unterschiedlichen Organisationen sanktioniert. Wilfredo Gomez gilt nach wie vor als der herausragendste Boxer im Superbantamgewicht: 17 erfolgreiche Titelverteidigungen sind eben eine stolze Leistung.

Aktuelle Weltmeister

Verband	Name	Siege	Unentschieden	Niederlagen
IBF	Lehlo Ledwaba (Südafrika)	29	1	1
WBA	Nestor Garza (Mexiko)	36	–	1
WBC	Erik Morales (Mexiko)	35	–	–
WBO	Marco Antonio Barrera (Mexiko)	49	0	2

Gewichtsklasse
Bis 55,338 kg (= 122 lb)

Erster WM-Kampf
3. April 1976 in Panama City (Panama); Rigoberto Riasco (Panama) siegt durch T. K. o. in der 8. Runde über Waruinge Nakayama (Kenia) im Kampf um den WBC-Titel

Im Superbantamgewicht ist bisher noch **kein Vereinigungstitelkampf mehrerer/aller Verbände**, die zeitgleich offiziell anerkannt waren, ausgetragen worden.

Aktive Boxer mit deutscher Lizenz
- Ibrahim Vural
- Fazli Vural

Klassen-Profil Bantamgewicht

(In diesem Buch werden keine Boxer aus diesem Limit vorgestellt.)

Das Bantamgewicht zählt zu den klassischen Gewichtsgruppen – sie wurde vermutlich nach einer Zwerghuhnart benannt, die in der Region Bantam im Westen der Insel Java beheimatet ist. Das Limit schwankte von 49,8 kg bis zu den heute noch gültigen 53,524 kg. Herausragend sind bis heute die 19 WM-Titelverteidigungen von Manuel Ortiz (Mexiko).

Aktuelle Weltmeister

Verband	Name	Siege	Unentschieden	Niederlagen
IBF	Tim Austin (USA)	19	1	0
WBA	Paul Ayala (USA)	29	–	1
WBC	Veeraphol Sahaprom (Thailand)	23	–	1
WBO	Jorge Julio (Kolumbien)	42	–	1

Gewichtsklasse
Bis 53,524 kg (= 118 lb)

Erster WM-Kampf
5. Juni 1889 in Brooklyn (USA); Chappie Moran (England) erboxt einen Punktsieg nach 10 Runden über Tommy Kelly (USA)

Der **letzte Vereinigungstitelkampf aller Verbände**, die zeitgleich offiziell anerkannt waren, fand am 30. Juli 1972 zwischen Enrique Pinder vs. Rafael Herrera statt.

Aktive Boxer mit deutscher Lizenz
- Daisy Lang

Klassen-Profil Superfliegengewicht

(In diesem Buch werden keine Boxer aus diesem Limit vorgestellt.)

Auf Initiative der asiatischen Boxverbände hin führte der WBC 1979 diese Gewichtsklasse ein. Die Boxer hielten die Differenz vom Fliegen- zum Bantamgewicht für zu groß – so wurde eben das Superfliegengewicht kreiert. Die WBA zog 1981 nach, die IBF 1983 und die WBO 1989.

Gewichtsklasse
Bis 52,163 kg (= 115 lb)

Aktuelle Weltmeister

Verband	Name	Siege	Unentschieden	Niederlagen
IBF	Marc Johnson (USA)	38	–	1
WBA	Hideki Todaka (Japan)	15	1	2
WBC	In Joo Cho (Südkorea)	16	–	–
WBO	Diego Morales (Mexiko)	19	0	0

Erster WM-Kampf
2. Februar 1980 in Caracas (Venezuela); Rafael Orono (Venezuela) siegt nach Punkten nach 15 Runden über Seung-Hoon-Lee (Korea) und erringt so den WBC-Titel

Im Superfliegengewicht wurde bisher **kein Vereinigungstitelkampf mehrerer/aller Verbände**, die zeitgleich offiziell anerkannt waren, ausgetragen.

ISTVAN KOVACS

– DER »FEDERGEWICHTS-ALI«

Die »Kobra« will um Gürtel kämpfen: Der Federgewichtler aus Budapest ist ein heißer Anwärter auf einen internationalen Titel. Bei den Amateuren hat der Ausnahmeathlet mächtig abgeräumt: Europameister, Weltmeister und Olympiasieger – so liest sich die sportliche Visitenkarte des 28jährigen Familienvaters. Die erstgenannten Titel gewann Kovacs sogar zweimal. Herausragend ist mit Sicherheit der Gewinn des Weltmeistertitels im Jahre 1997 in seiner Heimatstadt Budapest. Im Finale schlug er den Deutschen Falk Huste deutlich nach Trefferpunkten und ließ sich von den 5000 Fans als einer von zwei ungarischen Weltmeistern der Meisterschaften feiern.
Kovacs war danach nicht nur bei Autogrammsammlern begehrt: Die Profimanager waren ebenfalls scharf auf die Unterschrift an der richtigen Stelle des Vertrages. Letztlich machte der Hamburger Geschäftsmann Klaus-Peter Kohl das Rennen, stach den britischen Rivalen Frank Warren auf der Zielgeraden aus.
Als Amateur gelang es Istvan Kovacs, in 297 Kämpfen 282 Siege zu erzielen und nur einmal unentschieden zu boxen: ein dickes Ausrufungszeichen für die Extraklasse des Ungarn.
Sein Kampfname »Kobra« entstand, weil er abwartend auf die Angriffe seiner Gegner lauert und dann blitzschnell zuschnappt – eben wie diese Schlange. Er ist kein sonderlich hart schlagender Boxer, eher ein zermürbender Techniker, und seine Kombinationen sind mehr als sehenswert. Kein Wunder, daß der 1,71 Meter große Boxer als größtes Hobby »Fun-Sports« angibt. So versteht er auch seine Profession im Ring, so hat er sich in wenigen Auftritten als Profi schnell zu mehr als einem Geheimtip entwickelt.
Kovacs zog Ende 1997 von der Donau an die Elbe, und im Hamburger Gym kümmert sich fortan Meistertrainer Fritz Sdunek um die Vervollkommnung der boxerischen Fertigkeiten.
Bis Ende 1998 stehen neun Kämpfe im Rekord; drei vorzeitige Siege sprangen heraus und beachtliche Plazierungen in den jeweiligen Ranglisten der Verbände.
Der wichtigste Sieg gelang im Kampf gegen Vincenzo Belcastro. Der 37jährige Italiener

Der Mann der Superlative: Europameister, Weltmeister und Olympiasieger bei den Profis. Istvan Kovacs ist für die einen der »Fred Astaire« des Boxens, für die anderen die Federgewichtsausgabe von Muhammad Ali.

hatte in 47 Kämpfen satte 35mal um Titel geboxt, neben der italienischen Meisterschaft auch den europäischen Titel gehalten. Dreimal war er – jeweils nach Punkten – in Kämpfen um die Weltmeisterschaft gescheitert. Der Marathon-Mann Belcastro ging auch mit WBO-Weltmeister Naseem Hamed über die Meisterschaftsdistanz. Ein echter Prüf-

Die »Kobra« beißt wieder zu: Istvan Kovacs mit einem linken Haken und auf schnellen Beinen gegen den chancenlosen Josef Lakatos.

stein also, den Kovacs aber in gewohnt souveräner Manier ausboxte. Es gelang ihm ein Punktsieg, der aber auch die Schwächen des Ungarn aufzeigte: Die fehlende Schlagkraft läßt sich mit besonderem Training eventuell noch beheben, die verletzungsanfällige Haut leider nicht.

Der Kampftag in seiner Heimatstadt Budapest im Mai 1999 geriet zur großen Party. Selbst der ungarische Ministerpräsident Viktor Orban gab sich die Ehre und schaute bei einer Trainingseinheit dem zum »bekanntesten Mann Ungarns« gewählten Sportler über die Schulter. Im Ring tanzte Kovacs den Afrikaner Nabaloum Dramane über die 12-Runden-Distanz aus und wurde WBC-International-Meister.

Bei den offensichtlichen Qualitäten des Federgewichtlers wird dies wohl nur eine Zwischenstation auf dem Weg zu Weltmeisterschaft sein. In Ungarn ist bereits eine Biographie über die »Kobra« auf dem Markt erhältlich – die entscheidenden Kapitel werden wohl aber erst noch geschrieben.

Das ist Istvan Kovacs

Geburtsdatum: 17. August 1970
Geburtsort: Budapest
Wohnort: Hamburg
Nationalität: ungarisch
Familienstand: verheiratet, zwei Kinder
Spitzname: »Kobra«
Größe: 1,71 Meter
Gewichtsklasse: Federgewicht
Trainer: Fritz Sdunek
Erfolge als Amateur:
- Europameister 1991, 1996
- Weltmeister 1991, 1997
- Olympiasieger 1996

Fazit als Amateur: 297 Kämpfe, davon 282 Siege

Erfolge als Profi:
- Debüt am 13. Dezember 1997
- WBC-International-Meister 1999

Fazit als Profi: 15 Kämpfe, davon 15 Siege (6 K. o.)

DIE FLIEGENGEWICHTS-KLASSE

Das Fliegengewicht wurde im Jahre 1909 als letzte der traditionellen acht Gewichtsklassen etabliert. Der britische Meister Sid Smith gewann 1913 die erste Weltmeisterschaft. Internationale Anerkennung erfuhr jedoch erst der spätere Titelträger Jimmy Wilde (Wales), der im Dezember 1918 in London den Italo-Amerikaner Giuseppe di Melfi schlug, der unter dem Kampfnamen »Young Zulu Kid« boxte.

Klassen-Profil

Gewichtsklasse
Bis 50,802 kg (= 112 lb)

Erster WM-Kampf
11. April 1913 in Paris (Frankreich); Sid Smith (England) erboxt nach 20 Runden einen Punktsieg über Eugene Criqui (Frankreich)

Der **letzte Vereinigungstitelkampf aller Verbände**, die zeitgleich offiziell anerkannt waren, fand am 23. April 1965 zwischen Salvatore Burruni vs. Pone Kingpetch statt.

Aktuelle Weltmeister

Verband	Name	Siege	Unentschieden	Niederlagen
IBF	Irene Pacheco (Venezuela)	24	0	0
WBA	Sovn Pisnuvachan (Thailand)	17	0	0
WBC	Medgoen 3-K-Battery (Thailand)	19	0	0
WBO	Jose Bueno (Spanien)	14	3	2

Aktive Boxer mit deutscher Lizenz
- Regina Halmich
- Zoltan Lunka

Klassen-Profil Halbfliegengewicht

(In diesem Buch werden keine Boxer aus diesem Limit vorgestellt.)

Aktuelle Weltmeister

Verband	Name	Siege	Unentschieden	Niederlagen
IBF	Ricardo Lopez (Mexiko)	48	1	0
WBA	Pichitnoi Siriwat (Thailand)	25	–	1
WBC	Saman Sorjaturong (Thailand)	41	1	3
WBO	Michael Carbjal (USA)	49	0	4

Bereits der zweite WM-Fight in der vom WBC eingeführten Halbfliegengewichtsklasse geriet zum Fiasko: Franco Udella trat nicht gegen den an Nummer eins in der Rangliste geführten Rafael Lovera (Paraguay) an, der Titel wurde für vakant erklärt. Lovera mußte gegen Luis Estaba, einen 34 Jahre alten Boxer aus Panama, in den Ring und wurde in der vierten Runde k. o. geschlagen. Später stellte sich heraus, daß der von Lovera vorgelegte Kampfrekord falsch war und er gegen Estaba seinen ersten Kampf als Profiboxer bestritten hatte.

Gewichtsklasse
Bis 48,988 kg (= 108 lb)

Erster WM-Kampf
4. April 1975 in Mailand (Italien); Franco Udella (Italien) wird Sieger durch die Disqualifikation von Valentin Martinez (Mexiko) in der 12. Runde im Kampf um den WBC-Titel

Im Halbfliegengewicht wurde bislang **kein Vereinigungstitelkampf mehrerer/aller Verbände**, die zeitgleich offiziell anerkannt waren, ausgetragen.

Klassen-Profil Strohgewicht

(In diesem Buch werden keine Boxer aus diesem Limit vorgestellt.)

Aktuelle Weltmeister

Verband	Name	Siege	Unentschieden	Niederlagen
IBF	Zolani Petelo (Südafrika)	14	2	2
WBA	Songkram Porpaqoin (Thailand)	20	1	1
WBC	Titel vakant			
WBO	Kermin Guardia (Kolumbien)	31	0	2

Dieses Limit und der ihm zugehörige WM-Titel wurden 1987 von der IBF eingeführt. Innerhalb von nur sechs Monaten vergaben auch die rivalisierenden Verbände Gürtel in der neuen Gewichtsklasse. Besonders populär ist sie in Südamerika; der beste Strohgewichtler der – noch jungen – Geschichte ist der WBC-Titelträger Ricardo Lopez aus Mexiko.

Gewichtsklasse
Bis 47,628 kg (= 105 lb)

Erster WM-Kampf
14. Juni 1987 in Bujok (Korea); Kyung-Yun Lee (Korea) siegt durch K. o. in der 2. Runde über Masaharu Kawakami (Japan) und gewinnt den IBF-Titel.

Besonderheit
Es gibt nur wenige europäische Vertreter in diesem Limit – dennoch fand am 10. September 1994 in Hamburg eine Weltmeisterschaft statt. Der WBO-Titelträger Alex Sanchez besiegte Oscar Andrade (Mexiko) durch K. o. in der 4. Runde.

Der **letzte Vereinigungstitelkampf aller Verbände**, die zeitgleich offiziell anerkannt waren, fand am 14. Juni 1987 zwischen Kyung Yun Lee vs. Masaharu Kawakami statt.

Aktive Boxer und Boxerinnen mit deutscher Lizenz gibt es im Strohgewicht derzeit nicht.

REGINA HALMICH

– ROTE LIPPEN, HARTE FÄUSTE

»Man braucht einen langen Atem, um sich als Frau in dieser Sportart durchzusetzen.« Das ist laut Regina Halmich die erste Lebensweisheit, die eine Boxerin lernt. Durchsetzungsfähigkeit ist ihr Markenzeichen im Ring, aber Kritik und fehlender Respekt der Fachwelt waren häufig verletzender als reale Gegnerinnen: Die Bandbreite der Kommentare reichte von vornehmer Zurückhaltung bis zu unverhohlenem Spott. Und eine Journalistenfrage kann sie nach mehreren Jahren im Männer-Business auch nicht mehr hören: »Wie kommt eine Frau ausgerechnet zum Boxen?«

Und trotzdem gehört die Frage nach den Anfängen genauso zum Umgang mit Medien und Fans wie die besagten Vorurteile. So meldete sich nach jedem Halmich-Kampf der frühere Leichtgewicht-Europameister und Vorzeigemacho René Weller zu Wort, um seine spitzen Bemerkungen bezüglich angeblich fehlender sportlicher Klasse loszulassen. Und nach einer Titelverteidigung in der ukrainischen Hauptstadt Kiew schoß der dortige Oberbürgermeister Omeltschenko den Vogel ab: »Frauen gehören an den Herd oder an die Spüle, aber nicht in einen Boxring.« Ist das weibliche Bemühen um Anerkennung im Ring ein Kampf gegen Windmühlen?

Nach Frau Halmichs Erfolgen von einem Boom im Frauenboxen zu sprechen, wäre übertrieben – aber es gibt immerhin einige Frauen, die nach ihrem Vorbild ebenfalls ihr Glück im Profiboxen versuchen.

Die fünfzehnte erfolgreiche Titelverteidigung in nur einer Runde Ende März 1999 in den Kölner Sartory-Sälen, die sechzehnte in Ungarn im Juli des gleichen Jahres und die siebzehnte in der Alten Reithalle in Stuttgart am 18. September 1999 gegen die bis in die letzte Runde mit einer tollen Kampfmoral fightende US-Amerikanerin Jill Metthews

Das Fliegengewicht – »das hübscheste Gewicht im Boxsport«. Regina Halmich ist die erfolgreichste Profiboxerin der Welt, hier mit dem WM-Gürtel der Womens International Boxing Federation (WIBF).

sollen nur Zwischenstationen auf dem Weg an die großen Börsen und zu weiteren sportlichen Erfolgen gewesen sein.

Ein Angebot aus Amerika lag schon einmal auf dem Tisch, doch die in Aussicht gestellten Börsen von mehreren hunderttausend Dollar wurden nie garantiert. Halmich redet offen über ihren Verdienst: »Pro WM-Kampf erhalte ich eine Bruttogage von 35.000 DM. Nach den Abzügen bleibt nicht viel übrig für Rücklagen für die Zeit nach dem Sport.« Ein neuer PR-Berater, Heinz Gums, eröffnete hier zumindest Perspektiven: Kleine Gastrollen als Schauspielerin in Soap-Serien und regelmäßige Berichte in Jugendmagazinen sowie ein gesponserter BMW Z3 sind die bisherige Ausbeute. Auch ein eigenes Fanbuch mit dem Titel *Eine Frau boxt sich nach oben* ist erschienen.

»Im Ring ist es wie im Wohnzimmer. Das ist gleichzeitig mein Arbeitsplatz, wo ich mich wohlfühle«, erklärte Regina Halmich, die seit vier Jahren den WM-Gürtel des größten Verbandes im Frauenboxen, der WIBF (Womens International Boxing Federation) hält.

Im Alter von elf Jahren begann Regina Halmich mit Kampfsport, versuchte Judo, wechselte aber schon bald zum Karate. Als 14jährige entschloß sie sich fürs Kickboxen und begann ihre Medaillensammlung. Sie gewann vier deutsche Meistertitel und 1993 die Europameisterschaft. 1994 schließlich interessierte sie ihr Entdecker und Förderer Jürgen Lutz, Betreiber einer Kampfsportschule in Karlsruhe, für das klassische Boxen.

Doch schon ihr erster WM-Kampf am 20. April 1995 vernichtete die hohen Erwartungen: Das Duell mit der US-Amerikanerin Yvonne Trevino in Las Vegas geriet zur harten Keilerei, Halmich mußte zu Boden und wurde in der vierten Runde wegen einer klaffenden Platzwunde unter dem linken Auge aus dem Kampf genommen. Zwei Tage vor dem Schwergewichtskampf zwischen Axel Schulz und George Foreman erlebten viele Medienvertreter aus Deutschland die Ernüchterung am Ring des Aladdin-Hotels hautnah mit. Das »hübscheste Gesicht des Boxens«, so das Fachblatt *Boxsport*, hatte Prügel eingesteckt. Die Kritiker des Frauenboxens durften sich vorübergehend bestätigt fühlen, Halmichs sportlicher Anspruch – »Man kann nicht nur draufklopfen!« – war plötzlich Makulatur. Augenzeuge Henry Maske wollte sich »nie wieder einen Frauenkampf anschauen«, und Erfolgscoach Manfred Wolke sprach gar von einer »Vergewaltigung meiner Sportart«.

Aber die Schrammen, die die erste und bis heute einzige Niederlage bei Regina Halmich hinterließ, waren nur oberflächlich, und im zweiten Anlauf klappte es auch mit dem WM-Titel. Im Juni 1995 punktete sie die Amerikanerin Kim Messer knapp, aber verdient aus und hält seitdem den Fliegengewichtstitel der WIBF. Ein Kurzausflug ins Superfliegengewicht endete mit dem souveränen Titelgewinn auch im höheren Limit und der Gewißheit, daß es in ihrer Gewichtsklasse keine Konkurrenz für sie gibt. Zwar kamen immer wieder Gerüchte über potentielle Halmich-Bezwingerinnen über den großen Teich, doch eine echte Herausforderung war bislang nicht unter ihnen. Schließlich läßt sich mit Frauenboxen auch in Amerika eine ordentliche Menge Dollars verdienen. Die großen Promoter haben jeweils mindestens eine »Box-Amazone« im Stall, um auch auf diesem Gebiet den Dukatenesel melken zu können – bisweilen allerdings mit eher kontraproduktiven Leistungen: »Es gibt nur eine Handvoll wirklich guter Boxerinnen«, faßt Halmich das Dilemma der Sportart zusammen. »Es muß sich der wahre Frauensport durchsetzen und nicht die Show.«

Der Spagat zwischen sportlicher Höchstleistung und Bewahrung der Weiblichkeit ist Regina Halmich geglückt.

Das ist Regina Halmich

Geburtsdatum: 22. November 1976
Geburtsort: Karlsruhe
Wohnort: Karlsruhe
Erlernter Beruf: Rechtsanwaltsgehilfin
Familienstand: ledig
Größe: 1,60 Meter
Gewichtsklasse: Fliegengewicht
Trainer: Torsten Schmitz

Erfolge als Profi:

- Debüt am 4. März 1994
- Europameisterin im Superfliegengewicht 1994
- Europameisterin im Fliegengewicht 1995
- WIBF-Weltmeisterin im Fliegengewicht 1995

Fazit als Profi: 31 Kämpfe, davon 30 Siege (9 K. o.), 1 Niederlage

REGINA
Continental Airlines

Nahkampfstudie: Es war der härteste Kampf der Karlsruherin Regina Halmich. Im September 1999 überwand sie in der Alten Reithalle in Stuttgart die mit einer großartigen Moral kämpfende Amerikanerin Jill Matthews.

ROTE LIPPEN, TEIL 2

Außer Regina Halmich boxen mittlerweile auch andere Frauen in Deutschland sehr erfolgreich. Allen voran Daisy Lang.

DAISY LANG – »THE LADY«

Die Bantamgewichtlerin mit den langen, blonden Haaren wurde als Dessislava Kirova in Sofia (Bulgarien) geboren. Mittlerweile hat sie neben dem Titel der Europameisterin auch den WM-Titel in ihrem Gewichtslimit gewonnen.
Daisy Lang wurde in der Boulevardpresse vor allem dadurch bekannt, daß sie einen Handtaschenräuber auf der Straße mit gezielten Schlägen in die Flucht trieb. Ihre neue Heimat ist Düsseldorf und bevor sie zum Profiboxsport kam, hat sie auch in anderen Kampfsportarten ordentlich zugeschlagen: Weltmeisterin im Karate und Kickboxen und viele Meisterschaften im Taekwon-Do. Gegen Regina Halmich gewann sie vor einigen Jahren bei einem Kickbox-Turnier. Die 27jährige arbeitete außerdem früher in Los Angeles als Stuntfrau und studiert nun in Köln Behindertensport und Rehabilitation. Zum Thema Verletzungsrisiko wurde Lang nach ihrem EM-Gewinn so zitiert: »Wenn ich bügle oder koche, ist das Verletzungsrisiko viel höher als im Ring.« Mit Trainer Michael Timm arbeitet sie im Hamburger Gym intensiv auf die bevorstehenden Titelverteidigungen hin.

Weitere aktive deutsche Boxerinnen

- Natalie Meiß (Frankfurt/ Main)
- Jeanette Witte (Berlin)
- Michele Aboro (Hamburg), Europameisterin
- Silke Weickenmeier (Speyer), Weltmeisterin
- Fikriye Selen (Köln)

Darüber hinaus stehen viele Nachwuchsboxerinnen in der sogenannten »Shooting-Liga« im Ring.

Dessislava Kirova alias Daisy Lang. Auch die Box-Amazone aus Düsseldorf begann ihre Karriere in anderen Kampfsportarten.

Gewichtsklassen des Frauenboxsports (WIBF-Version)

Schwergewicht:	über 79,38 kg
Leichtschwergewicht:	bis 79,38 kg
Supermittelgewicht:	bis 76,0 kg
Mittelgewicht:	bis 72,5 kg
Junior-Mittelgewicht:	bis 70,0 kg
Superweltergewicht:	bis 66,7 kg
Weltergewicht:	bis 64,9 kg
Junior-Weltergewicht:	bis 63,0 kg
Leichtgewicht:	bis 61,23 kg
Junior-Leichtgewicht:	bis 59,0 kg
Federgewicht:	bis 57,15 kg
Junior-Federgewicht:	bis 55,33 kg
Bantamgewicht:	bis 53,5 kg
Junior-Bantamgewicht:	bis 52,16 kg
Fliegengewicht:	bis 50,8 kg
Junior-Fliegengewicht:	bis 49,0 kg
Strohgewicht:	bis 47,0 kg

ZOLTAN LUNKA

– DIE »FLIEGE MIT LÖWENHERZ«

»Kleiner Mann mit großen Träumen« – so könnte der Titel einer verfilmten Lebensgeschichte Zoltan Lunkas lauten. Sie wäre vielleicht nicht ganz so spektakulär und effektvoll inszeniert wie die »Rocky«-Epen, aber dennoch eine rührende Familienstory mit dem Touch eines Abenteuerfilms.

Denn Lunka wurde im rumänischen Siebenbürgen als Sohn einer ungarischstämmigen Mutter und eines deutschstämmigen Vaters geboren. In seiner Heimat war er somit als Angehöriger einer Minderheit nur unwillig geduldet. Deshalb machte er sich 1990 auf in den Westen. Der erste Versuch der Einbürgerung in Deutschland scheiterte jedoch. Lunka flüchtete im Kofferraum eines Autos nach Österreich, wo er zunächst bei Salzburg für die Staffel Mauerkirchens boxte.

Der SV Halle lotste den Fliegengewichtler zurück nach Deutschland, wo es dann – nach langem hin und her – im September 1994 endlich mit der ersehnten Einbürgerung klappte. Und nur ein Jahr später holte Lunka in Berlin bei der Amateur-Box-Weltmeisterschaft die Goldmedaille im Fliegengewicht. Der Traum vom »goldenen Westen« wurde also wahr – für Lunka sogar in doppelter Hinsicht. Nach der glorreichen Weltmeisterschaft im »eigenen« Land adelte ihn DABV-Cheftrainer Helmut Ranze als »Entdeckung dieser WM«. Das Ticket für die Welttitelkämpfe löste sich Lunka kurz nach seiner Einbürgerung mit dem Gewinn seiner ersten deutschen Meisterschaft im Herbst 1994. Dort räumte er auf dem Weg zum Titel alle angetretenen Favoriten beiseite: den Aspiranten Achmedow mit 14:2, den Junioren-Europameister Papjan mit 16:7 und den kubanischen Olympiazweiten Gonzalez mit 11:8 Trefferpunkten. Im Finalkampf ließ er dem Asienmeister Schumadilow aus Kasachstan keine Chance und gewann mit 11:6. »Zoltan kämpft immer noch weiter, wenn andere aufgeben«, lobte der damalige Trainer Hans-Jürgen Witte.

Der gelernte Türen- und Fensterbauer wurde 1995 zum »Amateurboxer des Jahres« gewählt und 1996 – nach dem Gewinn der Bronzemedaille bei den Olympischen Spielen in Atlanta – Profi: Der kleinste und leichteste deutsche Profiboxer unterschrieb einen Drei-Jahres-Vertrag bei der Universum-Box-Promotion. Nach wenigen Kämpfen schon war er auf Kurs in Richtung Europarangliste, ehe eine Niederlage in Südafrika den ersten Rückschritt brachte: Der größere Charles Mailula gewann den auf sechs Runden angesetzten Kampf nach Punkten. Es folgten schließlich fünf Fights, in denen Lunka überzeugte: Alle Gegner wurden vor Ablauf der angesetzten Distanz besiegt.

Anfang 1998 folgte ein Trainerwechsel von Torsten Schmitz zu Michael Timm. Die bislang beste Leistung als Profi zeigte Lunka am 28. November 1998 im Kampf gegen den Ungarn Bela Sandor, den er nach Punkten für sich entschied.

»Das kleinste Kraftwerk Hamburgs« schrieb die *Hamburger Morgenpost* über den Kampfstil Lunkas, dessen Nahziel der Kampf um die Europameisterschaft ist. Nach einer Ellbogenoperation am rechten Arm, bei der ihm fünf Knochensplitter entfernt wurden, ist die »Fliege« Lunka für die Zukunft gewappnet.

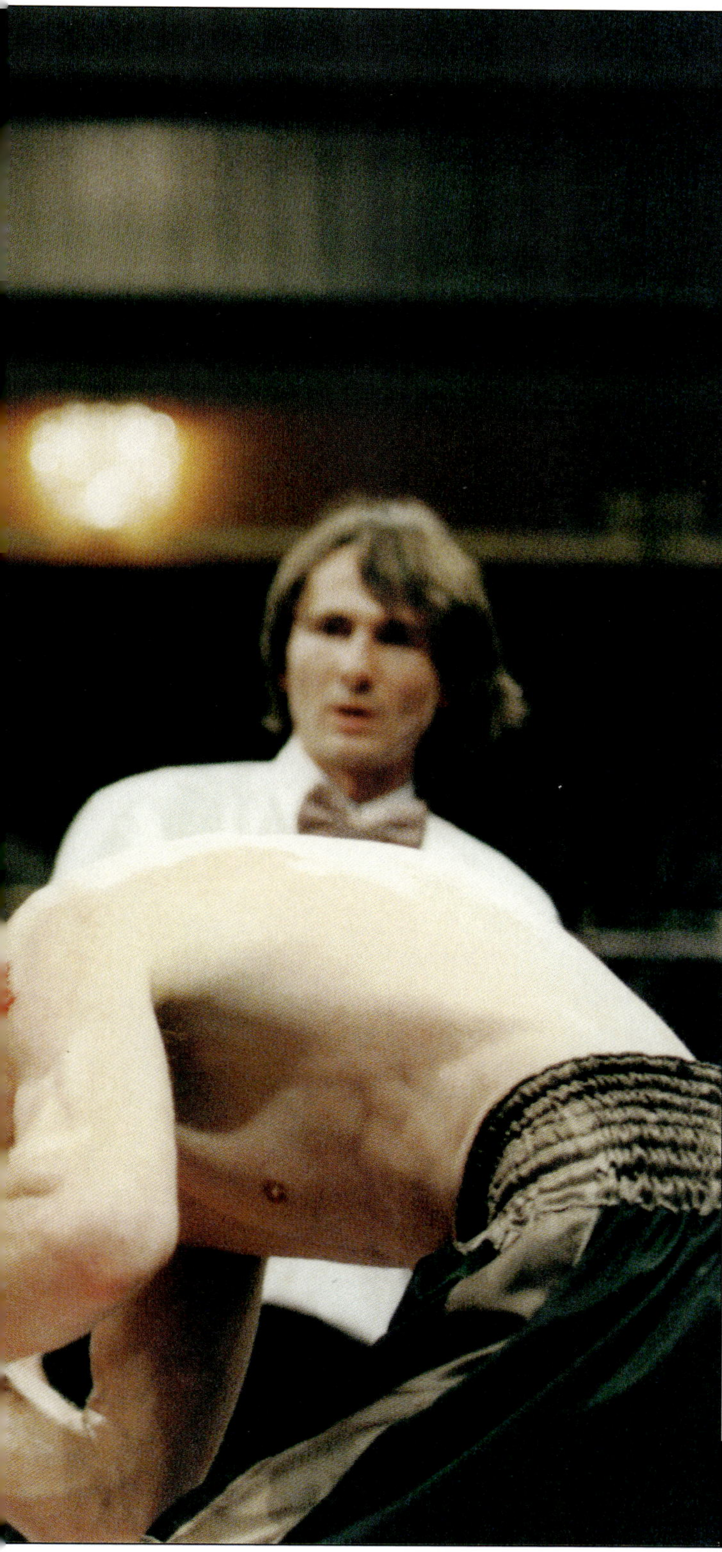

Kleiner Mann ganz groß: Zoltan Lunka (l.) im Vorwärtsgang gegen den Ungarn Bela Sandor.

Das ist Zoltan Lunka

Geburtsdatum: 22. Mai 1970
Geburtsort: Miercurea Nirajului, Rumänien
Wohnort: Hamburg
Nationalität: deutsch
Familienstand: verheiratet
Größe: 1,59 Meter
Gewichtsklasse: Fliegengewicht
Trainer: Michael Timm
Erfolge als Amateur:

- Junioren-Vizeeuropameister 1988
- Chemiepokal-Sieger 1993–1995
- Deutscher Meister 1994, 1995
- Weltmeister 1995
- Bronzemedaille bei Olympiade 1996

Erfolge als Profi:

- Debüt am 30. November 1996

Fazit als Profi: 19 Kämpfe, davon 18 Siege (10 K. o.), 1 Niederlage

SERVICETEIL

KLEINES ABC DES BOXSPORTS

AMATEURE
Auch im Boxsport gibt es neben dem Profilager den Amateurbereich. Hier werden drei Runden zu je drei Minuten mit einer Minute Pause ausgetragen, wahlweise auch fünf Runden zu je zwei Minuten. Seit 1990 besteht die Pflicht, einen Kopfschutz zu tragen.

AUSRÜSTUNG
Neben Bandagen und Handschuhen gehören folgende Artikel zum Rüstzeug eines Boxers: der Mundschutz (ein Kautschukgebiß, das über den Zähnen liegt und diese bei Treffern schützt), der Tiefschutz (der vor Tiefschlägen schützt), Stiefel und Hose sowie bei Frauen ein Oberteil. Die Amateure tragen außerdem einen Kopfschutz.

BALLHANDSCHUHE
Das sind Boxhandschuhe in dünnerer Ausführung und mit weniger Polsterung, die ausschließlich zum Gerätetraining benutzt werden sollten.

BANDAGEN
Sie sollen die Hand und die Gelenke vor Verletzungen schützen. Die Bandagen werden unter den Handschuhen getragen und bestehen aus neun Meter langen Mullbinden, die zwischen 4–5 cm breit sind. Das Anlegen erfolgt im Kreuzverband: eine Lasche über den Daumen und danach über das Handgelenk wieder zurück zum Daumen.

CLINCH
Der Clinch ist eine Umklammerung, die es dem Gegner unmöglich macht, selbst zu schlagen. Ist ein Boxer angeschlagen, so geht er oftmals in den Clinch. Er wird normalerweise vom Ringrichter unterbunden und kann mit Punktabzug bestraft werden.

CUT
Der cut ist eine Platzwunde am Kopf eines Boxers, meist im Augenbereich.

CUT MAN
Er gehört zu den wichtigsten Personen am Ring, denn er behandelt in den Pausen Schwellungen und *cuts*. Die cut men genießen hohes Ansehen, weil sie eine enorm wichtige Arbeit verrichten. Mit »Geheimrezepten« werden tiefe Platzwunden gestillt: So wird ein vorzeitiger Abbruch des Kampfes verhindert. In Titelkämpfen darf nur Vaseline verwendet werden, in die Adrenalin in einem Verhältnis von 1:1000 eingemischt ist.

DOPPELDECKUNG
Eine besondere Defensivtaktik. Sie dient dem Schutz und der Deckung, insbesondere beim *infight* oder bei einem aggressiven Gegner. Beide Arme liegen mit der Handfläche nach innen vor dem Gesicht, die Ellbogen sind vor den Bauch gezogen: So ist die gesamte Trefferfläche abgedeckt.

FRAUENBOXEN
Es erlebt in Deutschland derzeit durch Regina Halmich einen Boom, ist aber international schon länger anerkannt. Frauen haben bereits zu Beginn des Jahrhunderts – selbst und aktiv – die »edle Kunst der Selbstverteidigung« erlernt und ausgeübt.

FÜHRHAND
Auch *jab* genannt; es ist die Hand, mit der der Kampf »geführt« wird. Sie dient dazu, den Gegner in seinen Aktionen zu stören und Löcher für die Schlaghand zu öffnen.

GERÄTE
Für Training und Ausbildung eines Boxers werden folgende Geräte benutzt:

- Sandsack – dient der Erhöhung der Schlagkraft.
- Maisbirne – dient dem Erlernen der Motorik und der Treffgenauigkeit.
- *speedball* – dient der Lockerung der Muskulatur und des Schlagrhythmus.
- Springseil – dient der Verbesserung von Beinarbeit und allgemeiner Ausdauer.

- Pratze (handgroßes Lederpolster) – dient der Treffgenauigkeit. Der Trainer hält die Pratze am ausgestreckten Arm und gibt Anweisungen. Gleichzeitig können auch Abtauchen und Schlagserien »beweglich« geübt werden.

GEWICHTSKLASSEN
Bei den Amateuren boxt man in zwölf verschiedenen Gewichtsklassen, vom Halbfliegengewicht (unter 48 Kg) bis zum Superschwergewicht (über 91 Kg).
Bei den Profis wurden im Laufe der Zeit 17 Gewichtsklassen eingeführt. Die Bandbreite reicht vom Minifliegengewicht bis zum Schwergewicht (über 86,1 kg). Die Einteilung nach Gewicht dient dazu, die Chancengleichheit zu wahren und nicht einen leichten Boxer gegen einen ungleich schwereren antreten zu lassen.

HAKEN
Es gibt sie in verschiedenen Ausführungen: als Aufwärtshaken (*uppercut*) oder als Haken von der Seite. Sie sind eine wirkungsvolle Waffe im Nahkampf, wenn die Distanz für eine Gerade bereits zu kurz ist.

HALL OF FAME
Die offizielle Ruhmeshalle des Boxens steht im US-Bundesstaat New York, im Dorf Canastota. Dort sind Reliquien vergangener Zeiten und verschiedener Boxlegenden ausgestellt. Einmal im Jahr beschließt eine Jury Neuaufnahmen. Einziger vertretener Deutscher ist Max Schmeling, der Boxweltmeister von 1930.

HANDSCHUHE
Sie sind heute mit Schaumstoff gefüllt, was den Vorteil hat, daß sie nicht verrutschen oder sich mit Wasser (»Schweiß«) vollziehen, wie es bei den mit Roßhaar gefüllten Handschuhen der Fall war. Der erste offizielle Faustkampf mit Handschuhen wird auf 1892 datiert. Die Handschuhe werden in Unzen (etwa 28,45 g) gewogen, um das Gewicht der Polsterung anzugeben. Bis zur Mittelgewichtsklasse boxt man mit Acht-Unzen-Handschuhen, darüber mit Zehn-Unzen-Handschuhen.

K. o.
Bei einem K. o. (*knockout*) wird einer der Boxer so hart getroffen, daß er sich während der zehn Sekunden des Anzählens durch den Ringrichter nicht wieder erholt. Danach wird der Kampf abgebrochen.

K.-o.-PUNKTE
Das sind Körperstellen, die für einen K.-o.-Schlag besonders anfällig sind: Schläfe, Kinnspitze, Kehlkopf, Herzspitze, Solarplexus, Milz und Leber.

KOMMANDOS
Im und am Boxring hört man verschiedene Kommandos. Ringrichter benutzen folgende:
- »box« – der Kampf darf nun aufgenommen oder fortgesetzt werden.
- »stop« – der Kampf muß unterbrochen werden.
- »break« – die beiden Boxer sollen sich voneinander lösen.
- »time« – bei Unterbrechung des Kampfes, wenn die Zeit angehalten werden soll.
- »seconds out« – Aufforderung an die Sekundanten, den Ring zu verlassen (vor Rundenanfang).

Klopfen auf den Ringboden durch den Zeitnehmer bedeutet, daß noch zehn Sekunden bis zur Pause bleiben.

KURIOSES
Boxer sind immer für Schlagzeilen gut.
- Der kürzeste WM-Kampf fand am 3. September 1993 in Wien statt, als Harry Geier (Österreich) im Kampf um die WBO-Weltmeisterschaft im Bantamgewicht gegen Daniel Jimenez (Puerto Rico) bereits nach 19 Sekunden k. o. ging. Etwas länger hielt Jay Bell (USA) im Kampf um die WBC-Mittelgewichtskrone gegen Gerald McClellan (USA) aus: Er fiel erst nach 20 Sekunden um.

- Der kürzeste WM-Kampf im Schwergewicht fand im Jahre 1900 statt, als James Jeffries (USA) seinen Landsmann Jack Finnegan nach 55 Sekunden k. o. schlug.
- Der einzige Schwergewichtler, der sich den Titel des Weltmeisters dreimal holte, war Muhammad Ali.
- Der jüngste Weltmeister wurde 1976 gekürt. Als Wilfredo Benitez (Puerto Rico) sich den Titel im Halbweltergewicht holte, war er gerade 17 Jahre und 176 Tage alt.
- Der älteste Weltmeister war George Foreman, der am 5. November 1994 seinen Landsmann Michael Moorer durch K. o. in der 10. Runde bezwang. Foreman war damals 46 Jahre alt.
- Der längste Weltmeisterschaftskampf wurde 1906 zwischen Joe Gans und Nelson Goldfield (beide USA) ausgetragen: Erst in der 42. Runde fiel die Entscheidung zugunsten von Gans.

MANAGER
Sie besorgen dem Boxer die Kämpfe, schließen Kampf- und Sponsorenverträge ab und versuchen, den Boxer aufzubauen, so daß er in die Ranglisten kommt.

PROMOTER
Sie sind die Veranstalter der Boxkämpfe und haben teilweise Exklusivrechte an Boxern, wie beispielsweise Don King an Mike Tyson.

PUNKTRICHTER
Beim Profiboxen besteht das Kampfgericht aus drei Punktrichtern und einem Ringrichter. Nur die Punktrichter werten den Kampf und entscheiden über den Ausgang: Sie bewerten die Trefferzahl, die Schlaghärte und das generelle Kampfverhalten – so auch die Defensivarbeit. Dafür werden Punkte vergeben. Der Sieger einer Runde bekommt zehn Punkte, der Unterlegene nur neun. Abzüge entstehen durch Verwarnung oder Niederschlag.
Bei den Amateuren wurde ein sogenannter *box-pointer* eingeführt. Hier werden nur die Treffer addiert, die drei von fünf Punktrichtern gleichzeitig erkannt und in den Computer eingegeben haben.

RING
Der Ring muß zwischen 5–6 qm messen. Der Ringbelag besteht aus Segeltuch, das $1\frac{1}{2}$ bis $2\frac{1}{2}$ cm dick sein muß. Die Höhe des Ringbodens darf zwischen 90 cm und 110 cm variieren. Seit 1994 sind vier Ringseile als Umspannung vorgeschrieben. Diese Seile haben einen Durchmesser von 3–5 cm. Weiterhin ist die Höhe des unteren Seils vorgeschrieben: Sie muß 42 cm betragen.

RINGARZT
Wird bei Verletzungen herangezogen, um über den Kampfverlauf mitzuentscheiden. Kann bei stark blutenden Wunden einen Abbruch anraten.

RINGNAMEN
Sind bei Boxern sehr beliebt, um der Gefährlichkeit oder anderen beispielsweise persönlichen Eigenschaften besonderen Nachdruck zu verleihen. Einige Beispiele:
- »Bonecrusher« – James Smith
- »Cassius« – Muhammad Ali
- »Cobra« – Don Curry
- »Gentleman« – Henry Maske
- »Iron« – Mike Tyson
- »Marvelous« – Marvin Hagler
- »Rocky« – Graciano Rocchigiani
- »Sugar« – Ray Leonard
- »Terrible« – Terry Norris
- »Tiger« – Dariusz Michalczewski

RINGRICHTER
Er wacht im Ring darüber, daß die Regeln eingehalten werden und fair gekämpft wird. Der Ringrichter hat das Recht, Verwarnungen zu verteilen oder einen der Boxer nach harten Treffern anzuzählen. Hat die alleinige Entscheidung, ob der der Kampf abgebrochen wird, kann aber dem Ringarzt konsultieren.

RUNDEN
In der Frühzeit des Boxens – um die Jahrhundertwende – wurde zum Teil bis zum K. o. gekämpft, manchmal mehr als 30 Runden lang. Seit Herbst 1988 gehen die Weltmeisterschaftskämpfe bei den Profis über 12 Runden zu je drei Minuten, während zuvor noch über 15 Runden geboxt wurde. Damenboxrunden gehen nur über zwei Minuten.

SEKUNDANTEN
Sie stehen während der Kampfpause gemeinsam mit dem Trainer in der Ringecke und sorgen für das Wohlbefinden des Boxers: Sie reichen das Wasser und reinigen den Mundschutz.

TIEFSCHLAG
Als Tiefschläge werden Treffer gewertet, die unter der Gürtellinie liegen. Sie sind verboten und können mit Disqualifikation bestraft werden. Dem getroffenen Boxer wird die Möglichkeit eingeräumt, sich einige Minuten lang zu erholen.

WELTMEISTER
So darf sich derjenige Boxer nennen, der einen vom Weltverband genehmigten Kampf um den Titel gewinnt, indem er den Titelträger besiegt (durch Punkte oder vorzeitig). Bei vier Weltverbänden und 17 Gewichtsklassen schmücken sich derzeit 68 Boxer mit diesem Titel.

WELTVERBÄNDE
Derzeit gibt es vier renommierte Weltverbände:

IBF = International Boxing Federation
WBA = World Boxing Association
WBC = World Boxing Council
WBO = World Boxing Organization

Sie alle vergeben Weltmeistergürtel und -titel, erstellen Ranglisten und sanktionieren ihre Kämpfe.

BOXING FACTS

Kurze Regelkunde

Die vier großen Weltverbände haben sich vor kurzer Zeit auf ein Grundgerüst an allgemeingültigen Regeln verständigt. Die 15 wichtigsten Vereinbarungen davon sind:

1 Es sind vier Sekundanten in der Ecke erlaubt.

2 Titelkämpfe sind auf 12 Runden von je 3 Minuten Dauer angesetzt. Die Pausen zwischen den Runden haben eine Länge von 1 Minute.

3 Nur der Ringrichter kann den Kampf abbrechen.

4 Das Kampfgericht besteht jeweils aus dem Ringrichter und drei Punktrichtern.

5 Es gilt das »10-Point-Must-System«. Der Sieger einer Runde erhält 10 Punkte, der Unterlegene nur 9. Eventuelle Punktabzüge wegen Anzählens oder Verwarnungen werden danach in Abzug gebracht.

6 Nach Niederschlägen wird immer bis »8« angezählt.

7 Die Boxer müssen einen Mundschutz tragen. Wenn der Mundschutz während des Kampfes herausfällt, darf er in der ersten möglichen Kampfpause wieder eingesetzt werden.

8 Es wird nicht stehend angezählt. D. h. der Boxer muß mit mindestens einem anderen Körperteil als den Füßen den Ringboden berühren, um angezählt werden zu können. Einzige Ausnahme: Wenn der angeschlagene Boxer in den Ringseilen hängt und diese ihn daran hindern zu Boden zu gehen, besteht die Möglichkeit anzuzählen.

9 Drei Niederschläge eines Boxers innerhalb einer Runde bedeuten nicht das Ende des Kampfes. Es liegt im Ermessen des Ringrichters bereits nach einem Niederschlag oder auch erst nach fünf Niederschlägen den Kampf zu stoppen.

10 Wenn ein Boxer durch Schlagwirkung aus dem Ring fällt, bekommt er bis zu 20 Sekunden Zeit wieder in den Ring zurückzukehren. Er darf dabei keine Hilfe von seinen Sekundanten in Anspruch nehmen, sonst droht Disqualifikation.

11 Ein zu Boden gegangener Boxer kann in keiner Runde durch den Rundengong gerettet werden.

12 Nach jedem Titelkampf wird ein Anti-Doping-Test durchgeführt.

13 Erleidet ein Boxer eine Verletzung, die durch einen legalen Schlag hervorgerufen wird, und kann er deswegen den Kampf nicht fortsetzen, verliert er durch technischen K. o.

14 Verletzung durch Fouls:

A) absichtliche Fouls

1. Wenn ein absichtliches Foul (Kopfstoß, Ellenbogenschlag etc.) zu einer Verletzung führt, die eine Fortsetzung des Kampfes unmöglich macht, verliert der für das Foul verantwortliche Boxer den Kampf durch Disqualifikation.
2. Wenn ein absichtliches Foul zu einer Verletzung führt, der Kampf aber dennoch fortgesetzt werden kann, werden dem für das Foul verantwortlichen Boxer zwei Punkte abgezogen.
3. Wenn ein absichtliches Foul zu einer Verletzung führt, wegen der der Kampf in einer späteren Runde abgebrochen werden muß, wird der gefoulte Boxer zum »Technischen Punktsieger« erklärt, sofern er zum Zeitpunkt des Abbruchs auf den Punktezetteln vorne liegt. Liegt der gefoulte Boxer auf den Punk-

tezetteln hinten, wird der Kampf als »Technisches Unentschieden« gewertet.

B) Unfall-Fouls (»Accidental fouls«)

1. Wenn ein unfallbedingtes Foul zu Verletzungen führt, die den Ringrichter veranlassen, den Fight sofort abzubrechen, endet der Kampf »Ohne Entscheidung«, wenn er vor dem Ablauf von vier vollständigen Runden abgebrochen wird.
2. Wenn ein unfallbedingtes Foul zu Verletzungen führt, die den Ringrichter veranlassen, den Fight sofort abzubrechen, nachdem vier Runden vollständig beendet wurden, endet der Kampf mit einer »Technischen Punktentscheidung« zu Gunsten des Boxers, der zum Zeitpunkt des Abbruchs auf den Punktezetteln vorne liegt. Hier werden auch angefangene Runden mitgewertet.

15 Ein Boxer, der von einem unabsichtlichen Tiefschlag getroffen wurde, muß den Kampf nach einer Erholungspause von bis zu 5 Minuten fortsetzen, oder er verliert durch technischen K. o.

Die ersten Rechtsausleger, die Weltmeister wurden

- Schwergewicht: Michael Moorer (1992)
- Cruisergewicht: Marvin Camel (1980)
- Halbschwergewicht: George Nichols (1932)
- Supermittelgewicht: Graciano Rocchigiani (1988)
- Mittelgewicht: Al McCoy (1914)
- Superweltergewicht: Maurice Hope (1979)
- Weltergewicht: Young Corbett III (1933)
- Superleichtgewicht: Sandro Lopopolo (1966)
- Leichtgewicht: Juan Zurita (1944)
- Superfedergewicht: Flash Elorde (1960)
- Federgewicht: Freddie Miller (1933)
- Superbantamgewicht: Wilfredo Gomez (1977)
- Bantamgewicht: Jimmy Carruthers (1952)
- Superfliegengewicht: Jiro Watanabe (1982)
- Fliegengewicht: Yoko Gushiken (1976)
- Strohgewicht: Ratanapol Sowvoraphin (1992)

Die schwersten Boxer, die um die Weltmeisterschaft boxten (alles Schwergewicht)

1. Primo Carnero	122,46 kg/ 270 lb	1934
2. George Foreman	116,57 kg/ 257 lb	1991
3. Abe Simon	115,66 kg/ 255 lb	1942
4. Leroy Jones	115,40 kg/ 254 lb	1980
5. Buddy Baer	113,39 kg/ 250 lb	1942

Die größten Boxer, die Weltmeister wurden (alles Schwergewicht)

1. Vitali Klitschko (Ukraine/ Deutschland)	2,02 Meter
2. Henry Akinwande (England)	2,01 Meter
3. Jess Willard (USA)	1,99 Meter
4. Ernie Terrell (USA)	1,98 Meter
5. Primo Carnera (Italien)	1,97 Meter

Die jeweils längste Regentschaft der Weltmeister nach Gewichtsklassen

- **Schwergewicht**
Joe Louis (11 Jahre, 8 Monate, 18 Tage)
- **Cruisergewicht**
Anaclet Wamba (4 Jahre, 5 Monate)
- **Halbschwergewicht**
Archie Moore (9 Jahre, 2 Monate)
- **Supermittelgewicht**
Chong Pal Park (3 Jahre, 6 Monate)
- **Mittelgewicht**
Carlos Monzon (6 Jahre, 9 Monate)
- **Halbmittelgewicht**
Gianfranco Rosi (5 Jahre, 2 Monate)
- **Weltergewicht**
Freddie Cochrane (4 Jahre, 6 Monate, 3 Tage)
- **Superleichtgewicht**
Julio Cesar Chavez (4 Jahre, 8 Monate)
- **Leichtgewicht**
Roberto Duran (6 Jahre, 7 Monate)

- **Superfedergewicht**
Flash Elorde (7 Jahre, 3 Monate)
- **Federgewicht**
Eusobio Pedroza (7 Jahre, 2 Monate)
- **Superbantamgewicht**
Wilfredo Gomez (5 Jahre, 10 Monate)
- **Bantamgewicht**
Orlando Canizales (6 Jahre, 5 Monate)
- **Superfliegengewicht**
Kaosai Galaxy (7 Jahre, 1 Monat)
- **Fliegengewicht**
Jimmy Wilde (7 Jahre, 4 Monate)
- **Halbfliegengewicht**
Myung Woo Yuh (6 Jahre)
- **Strohgewicht**
Ricardo Lopez (8 Jahre, 9 Monate bis heute)

Die jüngsten Boxer, die Weltmeister wurden

- 17 Jahre, 176 Tage
Wilfredo Benitez (USA)
(Halbweltergewicht)

- 18 Jahre, 203 Tage
Pipino Cuevas (Mexiko)
(WBA Weltergewicht)

- 18 Jahre, 352 Tage
Tony Canzoneri (USA)
(Federgewicht)

Mike Tyson (USA) wurde jüngster Schwergewichts-Weltmeister (WBC-Version) im Alter von 20 Jahren, 145 Tagen

Die ältesten Boxer zum Zeitpunkt des WM-Titelgewinns

- 45 Jahre, 298 Tage
George Foreman (USA), Schwergewicht

- 40 Jahre, 183 Tage
Bob Fitzsimmons (England), Halbschwergewicht

- 39 Jahre, 4 Tage
Archie Moore (USA), Halbschwergewicht

- 37 Jahre, 168 Tage
Jersey Joe Walcott (USA); Schwergewicht

Brüder, die Box-Weltmeister wurden

- Ricardo Arredondo: WBC Superfedergewicht 1971–74
Rene Arredondo: WBC Halbweltergewicht 1986

- Abe Attell: Federgewicht 1901–12
Monte Attell: Bantamgewicht 1909–10

- Jimmy Bredahl: WBO Superfedergewicht
Johnny Bredahl: WBO Superfliegengewicht

- Gaby Canizales: WBA Bantamgewicht 1986
Orlando Canizales: IBF Bantamgewicht 1988–94

- Donald Curry: WBA Weltergewicht 1983–86, WBC Halbmittelgewicht 1988–89
Bruce Curry: WBC Halbweltergewicht 1983–84

- Johnny Dundee: Superfedergewicht 1921–24
Joe Dundee: Weltergewicht 1927–29

- Ernesto Espana: WBA Leichtgewicht 1979–80
Crisanto Espana: WBA Weltergewicht 1992–95

- Khaosai Galaxy: WBA Superfliegengewicht 1984–91
Kaokor Galaxy: WBA Bantamgewicht 1988–89

- Terry Norris: WBC Halbmittelgewicht 1990–98
Orlin Norris: WBA Cruisergewicht 1993–96

- Ralf Rocchigiani: WBO Cruisergewicht 1995–97
  Graciano Rocchigiani: IBF Supermittelgewicht 1987, WBC Halbschwergewicht 1998

- Rafael Ruelas: IBF Leichtgewicht 1994–96
  Gabriel Ruelas: WBC Superfedergewicht 1994–96

- Leon Spinks: Schwergewicht 1978
  Michael Spinks: WBA Halbschwergewicht, IBF Schwergewicht 1985–87

Alle deutschen Meister in der Geschichte des Boxsports

SCHWERGEWICHTSKLASSE
(über 86,183 kg)

1919: Otto Flint
1920: Hans Breitensträter
1924: Paul Samson-Körner
1925: Hans Breitensträter
1926: Franz Diener
1927: Rudi Wagener
1927: Franz Diener
1928: Max Schmeling
1928: Ludwig Haymann
1930: Hans Schönrath
1931: Hein Müller
1933: Vincenz Hower
1936: Arno Kölblin
1938: Walter Neusel
1940: Heinz Lazek
1942: Adolf Heuser
1942: Walter Neusel
1946: Hein Ten Hoff
1952: Heinz Neuhaus
1955: Gerhard Hecht
1956: Heinz Neuhaus
1957: Hans Kalbfell
1958: Albert Westphal
1959: Hans Kalbfell
1961: Albert Westphal
1961: Erich Schöppner
1963: Gerhard Zech
1968: Jürgen Blin
1968: Peter Weiland
1971: Horst Benedens
1973: Hartmut Sasse
1974: Conny Velensek
1974: Bernd August
1977: Kurt Lüdecke
1978: Bernd August
1983: Reiner Hartmann
1985: Charly Graf
1985: Thomas Claassen
1987: Manfred Jassmann
1990: Markus Bott
1992: Axel Schulz
1993: Bernd Friedrich
1994: Christian Honhold
1994: Steffen Wiesenthal
1995: Mario Schießer
1996: Kim Weber
1998: Mario Schießer

CRUISERGEWICHTSKLASSE
(bis 86,183 kg)

1985: Ralf Rocchigiani
1988: Klaus Winter
1989: Ralf Rocchigiani
1994: Torsten May
1997: Michael Klötzsch
1998: Silvio Meinel

HALBSCHWERGEWICHTSKLASSE
(bis 79,387 kg)

1921: Walter Buckzun
1923: Rudolf Arndt
1923: Adolf Seybold
1924: Paul Samson-Körner
1926: Max Schmeling
1929: Hein Müller
1930: Ernst Pistulla
1933: Erich Seelig
1933: Adolf Witt
1937: Adolf Heuser
1940: Jean Kreitz
1941: Heinz Seidler
1941: Richard Vogt
1944: Heinz Seidler
1946: Richard Vogt
1949: Conny Rux
1950: Richard Vogt
1950: Heinz Sachs

1951: Willy Hoepner
1952: Gerhard Hecht
1954: Willy Hoepner
1955: Gerhard Hecht
1956: Hans Stretz
1957: Willy Hoepner
1958: Erich Schöppner
1962: Peter Klaus Gumpert
1966: Lothar Stengel
1970: Rüdiger Schmitke
1973: Karl Heinz Klein
1975: Leo Kakolewicz
1978: Karl Heinz Klein
1980: Uwe Meineke
1982: Manfred Jassmann
1986: Graciano Rocchigiani
1995: Gerhard Schoberth
1996: Fritz Plösser
1996: Wieland Beust
1997: Ali Saidi
1997: Sven Ottke

SUPERMITTELGEWICHTSKLASSE
(bis 76,203 kg)
1988: Mike Wissenbach
1991: Andreas Schweiger
1992: Andreas Marks
1996: Norbert Nieroba

MITTELGEWICHTSKLASSE
(bis 72,574 kg)
1911: Paul Mond
1911: Otto Flint
1918: Franz Kött
1919: Kurt Prenzel
1919: Friedrich Dubois
1921: Kurt Prenzel
1924: Adolf Wiegert
1925: Hein Domgörgen
1930: Erich Tobeck
1931: Erich Seelig
1933: Hein Domgörgen
1934: Josef Besselmann
1946: Gustav Eder
1947: Dietrich Hucks
1947: Fritz Gahrmeister
1948: Carl Schmidt
1949: Peter Müller
1949: Hans Stretz
1950: Peter Müller
1952: Hans Stretz
1956: Peter Müller
1957: Gustav Scholz
1961: Hans Werner Wohlers
1962: Peter Müller
1963: Heini Meinhardt
1964: Peter Müller
1964: Jupp Elze
1968: Hans Dieter Schwartz
1973: Klaus Peter Tombers
1973: Eckehard Dagge
1974: Frank Reiche
1978: Frank Wissenbach
1983: Georg Steinherr
1985: Graciano Rocchigiani
1987: Andreas Prox
1990: Patrick Pipa
1994: Salvador Yanez
1997: Bert Schenk

HALBMITTELGEWICHTSKLASSE
(bis 69,853 kg)
1965: Werner Mundt
1967: Reinhard Dampmann
1968: Gerhard Piaskowy
1971: Rainer Müller
1972: Randolph Hombach
1974: Peter Scheibner
1975: Peter Wulf
1976: Jean André Emmerich
1976: Frank Wissenbach
1978: Jean André Emmerich
1984: Erwin Heiber
1989: José Varela
1990: Andreas Marks
1994: Salvador Yanez

WELTERGEWICHTSKLASSE
(bis 66,678 kg)
1923: Ernst Grimm
1924: Walter Funke
1924: Ernst Grimm
1927: Karl Sahm
1928: Hans Seifried
1930: Gustav Eder
1950: Walter Schneider

1951: Gustav Scholz
1952: Werner Handtke
1956: Günther Hase
1958: Ernst Zetzmann
1959: Helmut Mistol
1963: Conny Rudhoff
1964: Klaus Klein
1966: Conny Rudhoff
1968: Willi Quatuor
1968: Klaus Klein
1970: Horst Brinkmeier
1972: Kurt Hombach
1974: Jürgen Voss
1975: Horst Brinkmeier
1976: Jörg Eipel
1978: Jürgen Voss
1982: Tony Habermayer
1985: José Varela
1996: Jan Heinemann
1997: Mike Reissmann
1997: Michel Trabant

HALBWELTERGEWICHTSKLASSE
(bis 63,503 kg)
1963: Klaus Klein
1977: Boualem Belouard
1978: Klaus Fuchs
1985: Konrad Mittermeier

LEICHTGEWICHTSKLASSE
(bis 61,237 kg)
1919: Richard Naujoks
1927: Fritz Ensel
1927: Paul Czirson
1929: Fritz Reppel
1929: Jakob Domgörgen
1930: Walter Heinisch
1931: Franz Dübbers
1933: Willi Seisler
1934: Richard Stegemann
1935: Willi Seisler
1936: Rudi Kretzschmar
1938: Fritz Esser
1938: Karl Blaho
1947: Heinz Sander
1948: Herbert Nürnberg
1950: Walter Demke
1950: Hans Häfner
1952: Herbert Gläser
1952: Werner Handtke
1955: Rudi Langer
1955: Karl-Heinz Bick
1957: Manfred Neuke
1958: Rudi Langer
1959: Conny Rudhoff
1963: Willi Quatuor
1964: Karl Furcht
1968: Klaus Jacobi
1976: Rolf Kersten
1977: Peter Lutz
1979: Dieter Schantz
1981: René Weller
Titel vakant

SUPERFEDERGEWICHTSKLASSE
(bis 58,967 kg)
1963: Peter Goschka
1970: Lothar Abend
1985: Georg Vlachos
1986: Theo Hauser
Titel vakant

FEDERGEWICHTSKLASSE
(bis 57,153 kg)
1919: Fritz Rolauf
1921: Kurt Sasse
1923: Fritz Rolauf
1924: Theo Beyerling
1925: Edu Schmidt
1926: Paul Noack
1929: Franz Dübbers
1930: Paul Noack
1932: Harry Stein
1933: Hans Schiller
1936: Karl Beck
1937: Kurt Bernhardt
1937: Karl Beck
1940: Ernst Weiss
1946: Hans Grötsch
1947: Heinz Utz
1948: Hans Grötsch
1948: Georg Assmann
1948: Karl Simon
1949: Ludwig Hess
1949: Walter Demke
1953: Rudi Langer

1958: Willi Quatuor
1965: Lothar Abend
Titel vakant

BANTAMGEWICHTSKLASSE
(bis 53,432 kg)
1921: Willi Menke
1922: Urban Grass
1925: Felix Friedemann
1928: Otto Ziemdorf
1929: Karl Schulze
1930: Georg Pfitzner
1931: Helmut Hinz
1931: Georg Pfitzner
1931: Willi Metzner
1933: Werner Riethdorf
1938: Hermann Remscheid
1938: Ernst Weiss
1940: Hermann Remscheid
1946: Heinz Götzke
1947: Hans Schiffers
1947: Kurt Rappsilber
1948: Hans Schiffers
1949: Hans Schömig
1949: Viktor Liwoski
1949: Hans Schömig
1950: Rudi Langer
1954: Willibald Koch
1958: Edgar Basel
1961: Klaus Jäger
Titel vakant

FLIEGENGEWICHTSKLASSE
(bis 50,802 kg)
1922: Erich Kohler
1923: Friedrich Schmidt
1925: Harry Stein
1928: Erich Kohler
1929: Karl Schulze
1930: Erich Kohler
1930: Willi Metzner
1934: Hubert Ausböck
1935: Hubert Offermanns
1937: Hubert Offermanns
1938: Walter List
1938: Hubert Offermanns
1939: Hans Schiffers
1948: Willi Färber
1950: Viktor Liwoski
1950: Georg Tietzsch
Titel vakant

Internationale Deutsche Meister

Dieser Titel wurde 1989 eingeführt. Alle in Deutschland lizenzierten Boxer dürfen um ihn boxen, unabhängig von ihrer Nationalität.

SCHWERGEWICHTSKLASSE
(über 86,183 kg)
1990: Ali Saidi
1990: Karl Heinz Heistermann
1990: Knut Blin
1992: Mario Guedes
1993: Mario Schießer
1994: Zeljko Mavrovic
1996: Serdar Uysal
1996: Willi Fischer
1996: Kim Weber
1997: Mario Schießer
1997: Willi Fischer

CRUISERGEWICHTSKLASSE
(bis 86,184 kg)
1989: Yurder Demircan
1997: Jens Plösser

HALBSCHWERGEWICHTSKLASSE
(bis 79,378 kg)
1990: Ali Saidi
1993: Dariusz Michalczewski
1997: Silvio Meinel
1998: Thomas Ulrich

SUPERMITTELGEWICHTSKLASSE
(bis 76,203 kg)
1989: Konrad Mittermeier
1991: Horace Fleary
1991: Nelson Alves
1994: Horace Fleary
1996: Branco Sobot
1996: Isidore Janvier
1998: Mario Veit

MITTELGEWICHTSKLASSE
(bis 72,574 kg)
1990: Niyazi Aytekin
1994: Salvador Yanez
1996: Branko Sobot
1998: Armand Krajnc

SUPERWELTERGEWICHTSKLASSE
(bis 69,853 kg)
1989: Salvador Yanez
1990: Andreas Marks
1991: Salvador Yanez
1992: Horace Fleary
1994: Bahre Ahmeti
1997: Donald Jenkins
1997: Orhan Ajvazoski
1998: Ahmet Öner

WELTERGEWICHTSKLASSE
(bis 66,678 kg)
1990: Marco Unverdruss
1992: Reiner Gies
1993: Viatcheslav Ianovski
1994: Chachatrian Gagik
1994: Stefan Schramm
1994: Michael Löwe
1997: Alpaslan Agüzüm

HALBWELTERGEWICHTSKLASSE
(bis 63,503 kg)
1992: Stefan Schramm
1993: Savo Jankovic
1993: Stefan Schramm
1995: Yahia Issaoun
1997: Alpaslan Agüzüm

LEICHTGEWICHTSKLASSE
(bis 61,237 kg)
1994: Artur Grigorian
1996: Thomas Seiler

SUPERFEDERGEWICHTSKLASSE
(bis 58,967 kg)
1990: Sentürk Özdemir
1996: Stephan Smith

Deutsche Boxer in Welttitelkämpfen

Inkl. Kampfrekordangaben für WM-Kämpfe

- Josef Besselmann
1938: Halbschwergewicht IBU
1938: Mittelgewicht IBU
2 Kämpfe, davon 0 Siege, 2 Niederlagen

- Markus Beyer
1999: Supermittelgewicht WBC
1 Kampf, 1 Sieg
(noch aktiv)

- Markus Bott
1993: Cruisergewicht WBO
3 Kämpfe, davon 1 Sieg, 2 Niederlagen

- Eckhard Dagge
1976: Superweltergewicht WBC
4 Kämpfe, davon 2 Siege, 1 Niederlage, 1 Unentschieden

- Gustav Eder
1938: Weltergewicht IBU
1 Kampf, 1 Niederlage

- Adolf Heuser
1938: Halbschwergewicht IBU
2 Kämpfe, davon 1 Sieg, 1 Niederlage

- Frank Mantell
1907: Weltergewicht
2 Kämpfe, davon 1 Sieg, 1 Niederlage
(Mantell war deutschstämmiger Amerikaner und wurde nur von diversen US-Zeitungen als Champion anerkannt. Er verlor den »Titel« an Harry Lewis und trat danach nie wieder in Erscheinung.)

- Henry Maske
1993: Halbschwergewicht IBF
12 Kämpfe, davon 11 Siege, 1 Niederlage

- Torsten May
1996: Cruisergewicht IBF
1 Kampf, 1 Niederlage
(noch aktiv)

- Dariusz Michalczewski
1994: Halbschwergewicht WBO
1994: Cruisergewicht WBO
1997: Halbschwergewicht WBA
1997: Halbschwergewicht IBF
18 Kämpfe, davon 18 Siege
(noch aktiv)

- Karl Mildenberger
1966: Schwergewicht WBC
1 Kampf, 1 Niederlage

- Norbert Nieroba
1998: Supermittelgewicht WBU
3 Kämpfe, davon 1 Sieg
(noch aktiv)

- Sven Ottke
1998: Supermittelgewicht IBF
3 Kämpfe, davon 3 Siege
(noch aktiv)

- Gerhard Piaskowy
1970: Superweltergewicht WBA
1 Kampf, 1 Niederlage

- Willi Quatuor
1967: Superleichtgewicht WBA
1 Kampf, 1 Niederlage

- Graciano Rocchigiani
1988: Supermittelgewicht IBF
9 Kämpfe, davon 5 Siege
(noch aktiv)

- Ralf Rocchigiani
1995: Cruisergewicht WBO
9 Kämpfe, davon 7 Siege
(noch aktiv)

- Ali Saidi
1994: Halbschwergewicht WBF
1 Kampf, 1 Sieg

- Bert Schenk
1999: Mittelgewicht WBO
2 Kämpfe, davon 2 Siege
(noch aktiv)

- Max Schmeling
1930: Schwergewicht
4 Kämpfe, davon 2 Siege

- Gustav Scholz
1962: Halbschwergewicht
1 Kampf, 1 Niederlage

- Axel Schulz
1995: Schwergewicht IBF/WBU
3 Kämpfe, davon 2 Niederlagen,
1 »No Contest«

- Erich Seelig
1939: Mittelgewicht NBA
1 Kampf, 1 Niederlage

- Rudi Unholz
1908: Leichtgewicht
1 Kampf, 1 Niederlage

- René Weller
1983: Superfedergewicht WAA
1 Kampf, 1 Sieg

- Adolf Witt
1936: Halbschwergewicht IBU
1 Kampf, 1 Niederlage

Die wichtigsten Box-Weltverbände

IBU = International Boxing Union
NBA = National Boxing Association
WBC = World Boxing Council
WBA = World Boxing Association
WAA = World Athletic Association
IBF = Internationale Boxing Federation
WBO = World Boxing Organization
WBF = World Boxing Federation
WBU = World Boxing Union

ADRESSEN

Autogrammadressen

Universum-Box-Promotion
(unter Vertrag: Dariusz Michalczewski, Wladimir und Vitali Klitschko, Juan-Carlos Gomez, Ahmed Kotiev, Regina Halmich, Artur Grigorian u. a.)
Am Stadtrand 27
22047 Hamburg

SPT-Sportpromotion
(unter Vertrag: Axel Schulz, Sven Ottke, Torsten und Rüdiger May, Markus Beyer, u. a.)
Hochstadenstr. 1–3
50674 Köln

Hessen-Box-Team
(unter Vertrag: Willi Fischer)
Pirolweg 7
65527 Niedernhausen-Engenhahn

Weickenmeier-Promotion
(Silke Weickenmeier)
Galaxy Sport-Gym
Siggi Weickenmeier
Auestr. 26 a
67346 Speyer

Gremmer direkt
(Daisy Lang)
Postfach 10 10 10
40721 Hilden

Max Schmeling
Coca-Cola GmbH
Wandsbeker Str. 14
22179 Hamburg

Karl Mildenberger
Burgherrenstr. 81
67661 Kaiserslautern

Don King, Inc.
501 Fairway Drive
Deerfield Beach, Florida 33441
USA

Top Rank, Inc.
(unter Vertrag: Oscar de la Hoya, Floyd Mayweather, Johnny Tapia, u. a.)
Bob Arum
3980 Howard Hughes Parkway
Suite 580
Las Vegas, NV 89109
USA

Muhammad Ali
P.O. Box 187
Berrien Springs
MI 49103
USA

Frank Bruno
P.O. Box 2266
Brentwood, Essex
England

Evander Holyfield
794 Highway 279
Fairburn
CA 30213–3411
USA

Roy Jones, Jr.
Square Ring Inc.
316 South Baylen Street
Pensacola
FL 32501
USA

Lennox Lewis
99 Middlesex Street
London E 1, 7 DD
England

Sugar Ray Leonard
13916 King George Way
Upper Marlboro
MD 20772
USA

Mike Tyson
871 W Oakland Park Blvd.
Oakland Park
FL 33311
USA

Die Verbände

AMATEURE:

DABV – Deutscher Amateur-Box-Verband
Geschäftsstelle
Pfannkuchstr. 7
34121 Kassel

Österreichischer Amateurboxverband
Postfach 387
1011 Wien
Österreich

Schweizer Box-Verband
Drosselstr. 32
Postfach
4103 Bottmingen
Schweiz

PROFIS:

BDB – Bund Deutscher Berufsboxer
Präsident: Bodo Eckmann
Alsterchaussee 10
20149 Hamburg

Faustkämpferverband Austria (FVA)
Markhofgasse 18
1030 Wien
Österreich

Federation Suisse de Boxe
Aarestr. 44
3052 Zollikofen
Schweiz

Federazione Pugilistica Italiana (FPI)
Viale Tiziano 70
00196 Roma
Italien

EBU – European Boxing Union
Via Topino
37 - Roma
Italia

IBF – International Boxing Federation
Präsident: Robert Lee
134 Evergreen Place, 9th Floor
East Orange, NJ 07018
USA

WBA – World Boxing Association
Präsident: Gilberto Medoza
Centro Comercial Turmero
Local 21, Piso 2,
P.O. Box 377 Maracay 2101-A,
Estado Aragua
Venezuela

WBC – World Boxing Council
Präsident: José Sulaiman
Secretario Ejecutivo Del CMB
Genova 33 - 503
Colonia Juarez
06600 Mexico, D.F.
Mexico

WBO – World Boxing Organization
Präsident: Francisco Valcarcel
First Federal Building
1056 Munoz Rivera Ave
Suite 711–714
San Juan, Puerto Rico 00927

WBU – World Boxing Union
Präsident: Jon Robinson
Nordelph
Norfolk, PE 30 OBH
England

WIBF-Europe
Jürgen Lutz
Daxlanderstr. 70 a
76185 Karlsruhe

Internet

Das World Wide Web ist aus dem Alltag mittlerweile kaum noch wegzudenken. Besonders im Bereich der Informationsbeschaffung und Recherche ist es nahezu unersetzlich. Auch der Boxfan kann sich hier schnell und umfassend über Ranglistenplätze, Kampfansetzungen und Ergebnisse informieren. Grundsätzlich gilt: Am einfachsten ist die Suche über die Eingabe in den Suchmaschinen (»www.yahoo.de«; www.lycros.com«; www.fireball.de«) Bei der Eingabe des Begriffes »Boxen« oder »Boxing« kann es allerdings auch passieren, daß man Ergebnisse über »Hifi-Boxen« etc. erhält.
Deshalb folgt an dieser Stelle eine Übersicht über die interessantesten Pages. Folgende Seiten sind zu empfehlen:

www.ubp.de
Die offizielle Seite der Hamburger Universum-Box-Promotion. Hier findet man die Weltranglisten und Porträts der bei Universum unter Vertrag stehenden Boxer sowie Informationen zu bevorstehenden Veranstaltungen.

www.dsf.de
Die Page des Sportsenders Deutsches Sport Fernsehen (DSF). Hier findet man Informationen über alle Sportarten und natürlich auch eine ausführliche Berichterstattung über den Boxsport.

www.sportserver.com
Täglich frisch – die Meldungen der Nachrichtenagenturen zum Thema Boxen.

www.boxingnews.de
Sehr gute deutschsprachige Seite mit allen wichtigen Infos. Ihr Betreiber, Fabian Weber, ist zugleich der »internationale Pressesprecher« der Universum-Box-Promotion. Die Pressemeldungen gibt es ebenfalls auf seiner Seite.

http://users.pandora.de/mrboxing/
Unter dieser Adresse sind Ranglisten, Ergebnisse aus aller Welt und die Regelkunde verzeichnet. Betreut wird diese Seite übrigens von Ringrichter Daniel van de Wiele.

www.donking.com
Der Amerikaner Don King, der Mann mit der Starkstromfrisur, gehört auch im Netz zu den Vorreitern.

www.toprank.com
Wer diese Adresse eingibt, surft auf die Seite von Bob Arums Firma »Top Rank«, die über Kampfansetzungen und ganz allgemein über das Boxen informiert. Ebenfalls zu empfehlen ist: www.oscardelahoya.com.

www.sportsnetwork.com
Eine gute Seite für Statistikfreunde. Hier findet sich auch die sogenannte »Suspension List«, mit den Daten von Schutzsperren etc.

www.femboxer.com
Die Web-Seite speziell zum Thema Frauenboxen. Darauf wird u. a. über Kampfrekorde informiert und es werden Links zu anderen Pages angeboten.

www.boxing-online.de
Tolle Optik, viele Infos und die Möglichkeit, einen Newsletter zu abonnieren. Experte Axel Schulz analysiert aktuelle Kämpfe. Die Seite wird von der Sauerland-Promotion (Köln) betreut.

Fit and Fun

Petra Müssig
Snowboard basics
Handfestes Know-how zu Snowboards, Kleidung, Ausrüstung und Training – für Anfänger, Fortgeschrittene und Quereinsteiger aus dem Alpinskilauf. Dazu Tipps fürs Springen, Fahren in der Half-Pipe und durch Stangen.

148 Seiten, 125 Bilder, davon 100 in Farbe
Bestell-Nr. 50333 **DM 39,80**

Michael Habermann
Inline-Hockey basics
Wer meint, seine Skates zu beherrschen, kann jetzt beim Inline-Hockey zeigen, was er wirklich drauf hat. Michael Habermann zeigt Einsteigern und Fortgeschrittenen, was sie über Training, Spieltechnik und Wettkampf wissen müssen.

140 Seiten, 48 Farbbilder, 13 Zeichnungen
Bestell-Nr. 50296 **DM 39,80**

David Mitchell
Lust auf asiatischen Kampfsport
Hier steht alles drin, was Einsteiger über Ausrüstung und Techniken der verschiedenen Disziplinen wissen sollten – vom Kampf mit dem Bambus-Schwert (Kendo) bis zum spektakulären Freestyle, das Elemente von Karate und Boxen enthält.

66 Seiten, 200 Farbbilder
Bestell-Nr. 50290 **DM 29,80**

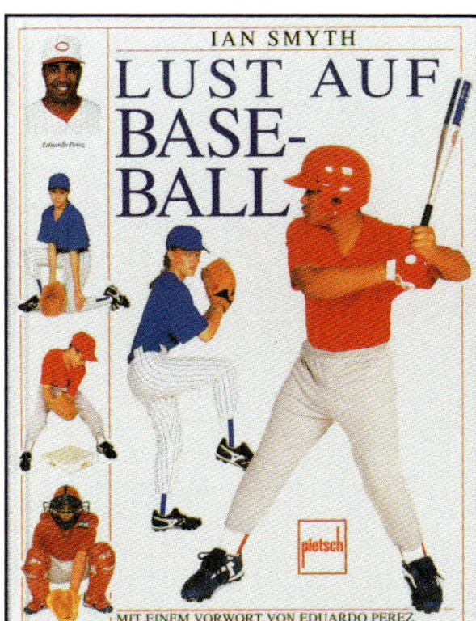

Ian Smyth
Lust auf Baseball
Hier steht alles drin über Spielfeld und Spielregeln, über Ausrüstung, Vorbereitung und Aufwärmen. Die wichtigsten Fachbegriffe werden in diesem Handbuch auf Deutsch erklärt. Zahlreiche Bilder und präzise Texte helfen beim Einstieg in diesen faszinierenden Sport.

38 Seiten, 150 Farbbilder
Bestell-Nr. 50314 **DM 29,80**

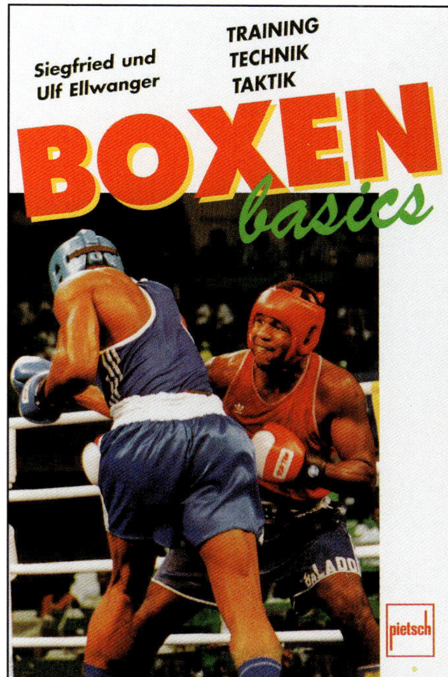

Siegfried Ellwanger/Ulf Ellwanger
Boxen basics
Ein Amateurboxer kämpft mit technischen Mitteln gegen seine Gegner. Ein Knock-out im Ring ist daher sehr selten.
Trotzdem kommt das Publikum auf seine Kosten – auch wenn Show und Emotionen keine Rolle spielen. Für den Erfolg braucht es perfekte Technik und Taktik, aber auch Kraft, Ausdauer und Schnelligkeit. Hier steht drin, wie man richtig trainiert und wie man sich auf einen Wettkampf vorbereitet.

144 Seiten, 76 Farbbilder, 8 Zeichnungen
Bestell-Nr. 50295 **DM 39,80**

pietsch

IHR VERLAG FÜR
SPORT-BÜCHER

Postfach 10 37 43 · 70032 Stuttgart
Telefon (0711) 210 80 65
Telefax (0711) 210 80 70

Stand November 1999 – Änderungen in Preis und Lieferfähigkeit vorbehalten